PERGUNTE AO DOUTOR

CB123656

Universo dos Livros Editora Ltda.
Rua do Bosque, 1589 - Bloco 2 - Conj. 603/606
Barra Funda - São Paulo/SP - CEP 01136-001
Telefone/Fax: (11) 3392-3336
www.universodoslivros.com.br
e-mail: editor@universodoslivros.com.br
Siga-nos no Twitter: @univdoslivros

DR. ANTONIO SPROESSER

PERGUNTE AO DOUTOR

São Paulo
2011

UNIVERSO DOS LIVROS

© 2011 by Universo dos Livros

Todos os direitos reservados e protegidos pela Lei 9.610 de 19/02/1998.

Nenhuma parte deste livro, sem autorização prévia por escrito da editora, poderá ser reproduzida ou transmitida sejam quais forem os meios empregados: eletrônicos, mecânicos, fotográficos, gravação ou quaisquer outros.

Diretor-Editorial: Luis Matos

Editora-Chefe: Marcia Batista

Editora-Assistente: Noele Rossi

Redação: Marco Polo Ribeiro Henriques

Preparação: Sandra Scapin

Revisão: Juliana Rebelo

Arte: Camila Kodaira e Stephanie Lin

Capa: Elaine Vieira

Dados Internacionais de Catalogação na Publicação (CIP)
(Câmara Brasileira do Livro, SP, Brasil)

S771p Sproesser, Antonio.

Pergunte ao doutor / Dr. Antonio Sproesser – São Paulo : Universo dos Livros, 2011.

232 p.

ISBN 978-85-7930-287-9

1. Saúde. 2. Bem-estar. 3. Qualidade de vida. I. Título.

CDD 649.8

SUMÁRIO

INTRODUÇÃO

"Saúde é coisa séria." Quantas vezes você já ouviu essa frase? Tantas quantas já tentou fazer algo para passar a ter uma vida mais saudável? Aposto que não. Este guia foi criado justamente para ajudar você a equiparar essa conta.

Primeiro, alguns dados preocupantes, mas peço que os encare como um incentivo para tomar a atitude que você cobra de si mesmo sempre que para diante do espelho.

As facilidades aumentaram na vida moderna, assim como o acesso aos alimentos e à informação. A longevidade, por sua vez, também dá sinais de avanço. Isso significa que as pessoas estão vivendo melhor, certo?

Errado.

Meus colegas cardiologistas, por exemplo, tratam de pacientes cada vez mais jovens, que chegam ao consultório com entupimento precoce das artérias. Obesidade, vida sedentária, privação de sono, alimentação inadequada são alguns dos fatores para explicar esse padrão inquietante que, certamente, pode ser prevenido.

Além do atendimento em consultório, acredito que a medicina me impõe uma missão maior, a de educar e ensinar os pacientes sobre as alternativas para melhorar sua qualidade de vida. Ironicamente, constato que a maioria das pessoas tem consciência do que precisa ser feito, mas, ainda assim, romper velhos hábitos parece ser um desafio intransponível.

Por isso, com esta obra, pretendo ir direto ao ponto e simplificar o dilema de como começar, respondendo às principais dúvidas e apresentando as dicas mais eficazes nos quesitos saúde, estilo e qualidade de vida e bem-estar físico e mental. Espero que os leitores deste livro levem a sério as recomendações.

Sou clínico geral e médico de família. Mas, não se esqueça de procurar seu médico para tirar suas dúvidas e fazer os exames necessários. Este livro não tem o objetivo de dar diagnóstico, nem substituir uma consulta e tampouco prognósticos. Como citei anteriormente, ele é uma ferramenta para tirar dúvidas frequentes e ajudar você a melhorar sua qualidade vida.

GUIA DA MATERNIDADE E INFÂNCIA

O que fazer para ter boa saúde durante a gravidez?

Gravidez não é doença, mas é muito importante realizar o que denominamos de pré-natal, ou seja, visitas médicas mensais para acompanhamento do desenvolvimento fetal e das alterações normais que se processam no corpo da mãe. Ao mesmo tempo, o obstetra pode detectar precocemente alterações e doenças comuns nessa fase, como diabetes e hipertensão, que até podem desaparecer no período pós-parto.

Em relação às medidas que a própria mulher deve tomar para garantir gravidez saudável, estão cuidados com higiene e alimentação, lembrando que quanto mais variado e equilibrado for o cardápio, melhor. Doces, bolos, café, chá, álcool e bebidas com gás não são recomendados, pois favorecem o ganho de peso da mãe, prejudicam a digestão e aumentam a pressão arterial, podendo alterar o peso fetal. O uso do cigarro, por sua vez, é comprovadamente prejudicial para ambos, mãe e feto. Para se ter ideia, trabalhos recentes evidenciam a correlação entre o hábito de fumar e o baixo desenvolvimento fetal. Alimentos que possam provocar intoxicação por bactérias, como mariscos, carnes malpassadas, leite e queijos não pasteurizados, também devem ser evitados.

Vale lembrar que, durante a gravidez, a mãe deve ter cuidado redobrado com a saúde, sendo recomendável a prática de exercícios físicos e a ingestão de suplementos vitamínicos com ácido fólico, sais minerais, vitaminas e ferro – este último se necessário (em caso de anemia). Natação e exercícios respiratórios, por sua vez, são úteis na preparação do trabalho de parto, pois a força de contração da musculatura do útero demanda grandes reservas do corpo materno. É como se a mulher fosse participar de uma maratona. Acredite, é isso mesmo!

Uma atitude muito importante para prevenir eventuais riscos e garantir a saúde na gravidez é prestar atenção

VOCÊ SABIA?

Segundo pesquisadores da Universidade de Boston, mulheres que engravidam depois dos 40 anos têm quatro vezes mais chance de atingir a marca de um século de vida, em razão da desaceleração no processo de envelhecimento decorrente da proliferação de hormônios e mediadores neuroquímicos liberados durante os períodos de gestação e amamentação.

aos sinais de alerta dados pelo corpo: hemorragia, perda de líquido e corrimentos vaginais com coceira ou cheiro não habituais, cólicas abdominais, febre, dor ou queimação ao urinar, vômitos persistentes, dores de cabeça fortes ou contínuas, perturbações da visão e diminuição dos movimentos fetais. Em qualquer um desses casos, deve-se procurar o obstetra o mais rápido possível, para a prevenção de possíveis complicações para a mãe e o feto.

É possível desenvolver diabetes durante a gravidez?

De fato, cerca de 3% a 8% das mulheres grávidas desenvolvem o que chamamos de diabetes gestacional. Embora a tendência seja a doença desaparecer após o nascimento do bebê, em 20% a 50% dos casos, existe o risco do desenvolvimento do diabetes tipo 2. Por isso, é muito importante aderir integralmente a uma dieta adequada e à prática regular de exercícios físicos.

Da mesma forma que o diabetes tipo 2, a doença em gestantes ocorre por fatores hereditários e também por excesso de peso.

Vale lembrar que a grávida deve sempre adotar estilo de vida muito saudável, com dieta à base de legumes, frutas, vegetais, peixes, carnes e cereais, além de tomar muita água e praticar pelo menos uma hora de atividade aeróbica diária. Isso facilitará o trabalho de parto e a manutenção das condições ideais para o feto desenvolver-se bem e com muita saúde.

Na gravidez aumenta o risco de infecção urinária?

A gestante apresenta mais sintomas de infecção urinária em relação a quem não está grávida. Em geral, quando não está esperando um bebê, a mulher apresenta uma forma de infecção denominada bacteriúria assintomática (BA), na qual, como o próprio nome indica, não há sintomas.

Por outro lado, a gravidez em si não determina aumento no número de infecções. O que há de diferente nessa fase é que, por ocorrerem alterações na anatomia e no funcionamento do sistema urinário, as infecções podem acometer tanto a sua parte baixa (na bexiga, cistite) como a alta

VOCÊ SABIA?

A infecção urinária é a terceira doença mais comum durante a gestação, atingindo cerca de 12% das mulheres grávidas. A maioria das ocorrências ocorre nos primeiros 90 dias – 9% sob forma de infecção urinária baixa (cistite) e 2% como infecção urinária alta (pielonefrite).

(nos rins, pielonefrite). As alterações de pH da urina, os hormônios, as dilatações anatômicas e a menor contração da bexiga favorecem o crescimento e a contaminação da urina por bactérias do trato intestinal. Por isso, a prevenção é fundamental nessa fase da vida da mulher.

Alimentar-se de forma balanceada para fortificar as defesas do corpo, beber bastante água para manter o sistema urinário sempre ativo e livre de contaminações, fazer avaliações mensais durante o pré-natal com realização do exame de urina tipo I, por exemplo, são itens fundamentais.

Os sintomas mais comuns da infecção urinária são urgência miccional e de maneira frequente, ardência no

VOCÊ SABIA?

A atividade física melhora a circulação sanguínea e diminui incômodos típicos da gravidez, como prisão de ventre e fadiga, além de reduzir estresse e tensões emocionais.

canal da uretra, dor lombar, náuseas, vômitos, sangue na urina e febre. O tratamento deve ser feito à base de antibióticos escolhidos pelo antibiograma, prestando sempre atenção à toxicidade que esses medicamentos oferecem ao feto. As complicações da infecção urinária durante a gravidez são hipertensão, parto prematuro e aborto.

Como tratar uma criança com TOC?

O transtorno obsessivo compulsivo, o popular TOC, é um distúrbio mental que se caracteriza por pensamentos e comportamentos repetitivos, contrários à vontade da pessoa, e, portanto, causa enorme sofrimento. Alguns são considerados habituais, como lavar as mãos diversas vezes com sabonetes diferentes, repetir sem parar letras e melodias de músicas, juntar e/ou empilhar caixas vazias de remédios. Mas, a despeito das piadinhas de humoristas, a doença precisa ser tratada, pois tende a evoluir para casos mais drásticos, como dificuldade de entrar ou sair de casa, tomar inúmeros banhos, chegando ao ponto de jogar álcool e outros desinfetantes sobre o corpo, além de rituais de verificação infindáveis, que tornam inviável a vida de uma pessoa.

Geralmente, esse transtorno se instala de forma gradual, mas em alguns casos pode ser agudo e a média de idade para seu surgimento é dos 6 aos 11 anos.

O tratamento é multidisciplinar. Há frequente uso de medicamentos, geralmente antidepressivos, denominados inibidores da recaptação de serotonina – substância encontrada no cérebro e muito estudada recentemente – que influencia nossas reações no dia a dia. Terapia ocupacional (TO) e ludoterapia (uso de brinquedos educativos como forma de terapia) são também muito empregadas para o tratamento.

Os pais são responsáveis diretos pelo nascimento de crianças com síndrome de Down?

Antes de mais nada, é preciso esclarecer que qualquer casal está sujeito a ter um filho portador de síndrome de Down, independentemente da raça ou condição socioeconômica. No Brasil, as estatísticas apontam a ocorrência de um caso a cada 600 nascimentos.

VOCÊ SABIA?

Diferentemente do que muitas pessoas pensam, a síndrome de Down não é uma doença, e sim uma alteração genética que ocorre na formação do bebê, ainda na barriga da mãe. De forma simplificada, pode-se dizer que a criança apresenta um cromossomo a mais na composição das células; em vez de 46, são 47 cromossomos, e o elemento extra fica unido ao par de número 21. Por essa razão, a alteração também é conhecida como trissomia do 21.

A causa dessa alteração genética não é conhecida, mas sabe-se que não existe responsabilidade do pai ou da mãe para que aconteça. Nem mesmo problemas ocorridos durante a gestação, como fortes emoções, quedas, uso de medicamentos ou drogas, são considerados relevantes na existência da síndrome de Down, pois ela já está consumada logo no momento da fecundação.

Também é muito importante ressaltar que, a despeito das características físicas típicas – baixa estatura, crânio com occipital achatado, cabelo liso e fino, olhos semelhantes aos dos orientais, orelhas pequenas, pescoço curto e grosso, flacidez muscular, prega palmar única, entre outras – e do desenvolvimento mais lento, a criança com síndrome de Down deve receber dos pais tratamento normal e ser estimulada desde o nascimento para que possa trazer à tona todo o seu potencial.

Quais as principais medidas para imunizar recém-nascidos e crianças?

As crianças devem ser imunizadas contra uma série de doenças desde seu nascimento até por volta dos 10 anos; por isso, é importante conversar com o pediatra para saber quais são as vacinas recomendadas para cada fase. Por exemplo, a BCG, assim como vacinas contra algumas das formas mais graves de tuberculose e a primeira dose contra a hepatite B costumam ser aplicadas imediatamente após o nascimento. Felizmente, o calendário oficial de imunizações do Brasil prevê vacinas gratuitas, incluindo

VOCÊ SABIA?

A partir dos 6 meses, os bebês podem tomar anualmente a vacina contra a gripe provocada pelo vírus Influenza. Crianças com até 9 anos que recebem a primeira imunização contra esse vírus precisam de duas doses da vacina, com intervalo de um mês entre elas. Em 2011, o governo disponibilizou gratuitamente a vacina para crianças entre 6 meses e 2 anos.

doses de reforço, contra mais de 12 tipos de infecções que acometem crianças, como poliomielite, sarampo, difteria, tétano e coqueluche.

Por outro lado, a Sociedade Brasileira de Pediatria também recomenda que os bebês recebam vacinas contra doenças não menos perigosas como a meningite meningocócica ou a gripe causada pelo vírus Influenza, mas, por não fazerem parte do calendário oficial, têm de ser pagas.

Acesse o site da Sociedade Brasileira de Imunização - *www.sbim.org.br* – para tirar dúvidas e se atualizar em relação ao programa de vacinação para todas as idades.

Beber cerveja preta ajuda a mulher a ter mais leite na fase de amamentação?

Como médico, devo advertir que essa é uma crença popular sem qualquer embasamento científico. Agora, uma coisa é certa e comprovada: ingerir bebidas alcoólicas durante o período de amamentação traz sérios riscos à saúde do bebê, pois tudo o que a mãe come ou bebe pode passar pelo leite e chegar até o filho.

Muitas pessoas também recomendam o consumo de canjica e canja de galinha nessa fase, pelo fato de serem alimentos muito calóricos e com rápida absorção pelo or-

VOCÊ SABIA?

Após o nascimento do bebê, o que sai do seio materno nos primeiros dias chama-se colostro, que não nutre como o leite, mas é rico em anticorpos e vale como vacina para a criança. Com isso, é normal que ela perca um pouco de peso, pois tem de consumir a reserva de gordura que acumulou enquanto estava no útero, mas logo isso será recuperado com a produção efetiva de leite.

Maternidade e infância

ganismo, o que ajudaria na produção de mais leite, mas o fato é que só isso não fará diferença. O importante, segundo os obstetras, é ter alimentação balanceada, ingerir bastante líquido e evitar ficar ansiosa com os percalços iniciais da amamentação.

Outro fator decisivo é o próprio movimento de sucção realizado pelo bebê, porque estimula a fabricação da prolactina, hormônio que intensifica a produção de leite pelas glândulas mamárias.

Quais são os cuidados especiais com diarreia em crianças?

É importante ressaltar que a diarreia pode atingir pessoas de todas as idades, mas na infância existe maior preocupação em razão das altas taxas de mortalidade registradas no mundo.

Para se ter ideia, nos primeiros 5 anos de vida, essa doença é uma das principais causas de hospitalização e mortalidade, correlacionando-se com o nível socioeconômico e cultural dos países.

Assim, é muito importante prestar atenção à frequência de evacuações e à consistência das fezes das crianças. Procure o pediatra ao menor sinal de diarreia acompanhada de febre alta e prostração.

VOCÊ SABIA?

Nos países em desenvolvimento, a diarreia é a terceira doença mais comum, sendo responsável por um terço de todas as hospitalizações entre menores de 5 anos.

Em termos de prevenção, são recomendados cuidados com a higiene, não apenas durante o banho e no manuseio das fraldas, como também no contato com a criança de forma geral. Nesse sentido, lavar sempre as mãos e passar álcool gel antes de cada procedimento é uma medida eficaz.

Vale lembrar que os anticorpos que a mãe passa ao bebê durante a amamentação constituem arma poderosa contra a infecção intestinal.

DICA

Alimentos como goiaba e maçã ajudam a diminuir os sintomas da diarreia. Já o mamão, leite e suco de laranja podem piorar o quadro.

Como montar a lancheira das crianças de forma a garantir alimentação balanceada?

Essa preocupação é muito pertinente, uma vez que o consumo de alimentos adequados, ou seja, com a quantidade ideal de nutrientes necessários ao desenvolvimento das crianças, favorece não somente a saúde, como também o bom desempenho escolar.

Infelizmente, assim como ocorre com os adultos, os hábitos alimentares dos pequenos são afetados pelas facilidades da vida moderna, então é comum a "hora do

---

VOCÊ SABIA?

A Portaria Interministerial 1010, de 8 de maio de 2006, restringiu a oferta e a venda de alimentos com alto teor de gordura, açúcar e sal nas escolas de educação infantil, fundamental e nível médio das redes públicas e privadas de todo o Brasil. Ao mesmo tempo, incentivou as instituições de ensino a desenvolverem estratégias e projetos para proporcionar alimentação saudável, por exemplo, livre de frituras e doces.

---

recreio" ser invadida por refrigerantes, salgadinhos fritos e gordurosos, bolachas recheadas, chocolates, balas, pirulitos, entre outros produtos industrializados. Costumo chamar esses itens de "doces venenos", pois, apesar da aparência atraente, são corresponsáveis pelo desenvolvimento precoce de doenças como obesidade, hipertensão arterial, colesterol alto, entre outras.

Para prevenir esse risco, a lancheira das crianças é peça-chave e deve ser administrada pelos pais da melhor forma possível. Esta deve ser térmica, para evitar a deterioração dos alimentos selecionados, dando-se preferência para aqueles que são fonte de carboidratos (pães e bisnagas), cálcio (leite e derivados), proteínas (presunto magro, peito de peru), vitaminas e sais minerais (frutas, verduras e legumes). Em relação aos líquidos, as melhores opções são água, água de coco e sucos naturais.

Como reconhecer e evitar o *bullying*?

Antes de mais nada, é preciso entender que o *bullying* não diz respeito a qualquer ato de violência cometido contra crianças e adolescentes. Na verdade, trata-se de um tipo específico de agressão, física ou psicológica, que tem como alvo determinada pessoa e é praticada de forma rotineira. Quanto ao agressor, não se restringe necessariamente a um malfeitor em especial, podendo abranger até mesmo um grupo inteiro de alunos. Atualmente, existe também o chamado *cyberbullying,* cuja característica é o uso das redes sociais na Internet para causar constrangimentos e humilhações.

Embora não seja restrito ao universo dos jovens, o *bullying* tende a ser mais comum na adolescência por ser uma fase de transformações intensas, em que aptidões físicas e psicológicas são testadas. Nesse contexto de instabilidade, aflora a insegurança, que é a outra face da agressividade. Animais atacam quando se sentem acuados. Da mesma forma, adolescentes machucam colegas por inveja, para serem aceitos no grupinho mais pop da escola ou, simplesmente, para se autoafirmarem como valentões e não se tornarem eles próprios vítimas de deboches e maus-tratos. Existem casos mais graves de pais que maltratam filhos, e estes acabam reproduzindo essa violência com os colegas, bem como de crianças sem limites, que, por falta de disciplina, não conseguem controlar seu temperamento. Seja qual for a razão que está por trás de cada caso de *bullying,* o fato é que o reconhecimento desse tipo de prática nem sempre é fácil, porque a vítima tende a esconder os fatos ocorridos por misto de vergonha e medo. Por isso, pais têm de estar muito atentos ao dia a dia dos filhos e, ao identificar alterações repentinas ou estranhas de comportamento, buscar o diálogo aberto e franco. A escola também deve ser alertada, para que educadores fiquem atentos ao que ocorre em banheiros, corredores, escadarias e *playgrounds*. Do ponto de vista social, leis apropriadas para evitar o *bullying* também têm papel importante na eliminação desse tipo de prática, que, nos casos mais drásticos, tem resultado em tragédias irreparáveis.

VOCÊ SABIA?

Existem pesquisas indicando que a principal razão alegada por crianças que preferem ficar em casa a ir para a escola é o medo de serem agredidas em seu caminho até a sala de aula.

Os videogames ajudam ou prejudicam as crianças?

A influência dos jogos eletrônicos sobre as crianças é cada vez mais discutida por pais e educadores. Os mais radicais consideram perigosa a substituição das antigas brincadeiras do dia a dia por *videogames* com cenas explícitas de agressão e morte, atribuindo a esse fenômeno a responsabilidade pelo aumento da violência nas escolas e ruas. Outros pesquisadores possuem uma visão bem mais otimista sobre o tema e acreditam que, por meio dos jogos eletrônicos, as crianças ampliam sua capacidade cognitiva e desenvolvem habilidades de aprendizado interessantes.

Ora, um e outro ponto de vista estão amparados por estatísticas e, portanto, apresentam sua parcela de razão. Assim, o fiel da balança, a meu ver, fica mesmo com os pais. Ou seja, é preciso que participem de forma contundente da vida dos filhos, instruindo as crianças com princípios e valores que as permitam passar ilesas pela eventual influência negativa dos videogames.

Vale lembrar que o perigo dos jogos eletrônicos não se restringe apenas à formação moral dos pequenos. Como médico de família, tenho assistido ao crescimento dos casos de obesidade infantil em razão da quantidade de horas em que as crianças passam sentadas, seja jogando videogame ou navegando pela Internet. Enquanto estão absortas no mundo virtual, nada impede que suas boquinhas trabalhem simultaneamente, consumindo grandes quantidades de calorias em forma de biscoitos, salgadinhos, refrigerantes e outros produtos industrializados.

Moral da história: quando se trata de educação, bom senso nunca é demais. Isso significa não fechar os olhos para todas as potencialidades dos games, mas, antes, intercalá-los com outras atividades lúdicas e educativas e, sobretudo, saber a hora de dizer *game over* aos filhos.

O que fazer para manter os adolescentes longe das drogas?

Essa é uma pergunta muito importante, pois existem estatísticas alarmantes indicando que cerca de metade das crianças entre 10 e 12 anos já usa ou fará uso de bebidas alcoólicas. Existem inúmeros fatores causadores da aproximação entre os jovens e o universo das drogas, que vão desde simples curiosidade e necessidade de afirmação no grupo de amigos, passando por solidão, carência, falta de perspectiva, necessidade de correr riscos, até mau exemplo e maus-tratos dentro de casa.

Evidentemente, cada família tem seu histórico e seus próprios códigos de conduta, mas, de forma geral, para evitar que os filhos entrem em contato com as drogas e possam até se tornar dependentes, é preciso:

- Agir com rigor e não permitir que menores bebam, nem em ocasiões especiais, e vale lembrar que o poder público de São Paulo faz sua parte fiscalizando bares e restaurantes.
- Conhecer os amigos dos filhos e os lugares que frequentam, não apenas para monitorá-los, mas para manter-se próximo a eles e ser um "porto seguro" sempre que sentirem necessidade.

- Procurar criar um ambiente saudável dentro de casa, tendo como pilares o respeito mútuo e o diálogo, não importando o tamanho do conflito.
- Estar sempre pronto para acolher os filhos, mas também para impor limites e saber dizer "não", ainda que isso os deixe muito contrariados.
- E, acima de tudo, "dar o exemplo", de preferência evitando beber e fumar na presença dos filhos.

VOCÊ SABIA?

Quando em contato com as drogas, o organismo do adolescente reage de maneira distinta em comparação ao do adulto, porque essas substâncias incidem sobre todos os neurotransmissores cerebrais, atrapalhando o desenvolvimento cognitivo que ainda está em andamento. Com isso, o jovem fica muito mais predisposto a ter problemas de percepção, discernimento, memória e aprendizagem.

No mais, é importante ficar alerta a mudanças no comportamento das crianças e adolescentes – como perda de peso, queda no rendimento escolar, irritabilidade excessiva, isolamento, sumiços repentinos, variação de humor, apatia – e buscar o quanto antes auxílio de especialistas, caso isso seja detectado.

GUIA DA VIDA SEXUAL

Sexo realmente faz bem à saúde?

Como toda atividade física, o sexo faz, sim, bem à saúde. Evidentemente, quando praticado dentro dos limites da normalidade e de acordo com as conveniências de cada um. De qualquer forma, não adianta sair por aí para fazer sexo aleatoriamente, com vários parceiros e sem a devida proteção, acreditando estar livre de todas as doenças.

A prática regular de exercícios, como caminhadas, é fundamental para manter bom condicionamento físico e evitar problemas cardiovasculares, típicos da vida sedentária. Segundo os cardiologistas, durante a relação sexual, como em outras atividades físicas, ocorre elevação da pressão arterial, bem como da frequência cardíaca e

VOCÊ SABIA?

Em geral, o hormônio que ativa a libido do homem, a testosterona, está mais alto pela manhã, favorecendo a prática sexual. A aparente contradição está no fato de que, durante a semana, esse é um horário mais dedicado às atividades profissionais do que pessoais.

respiratória. Já quando o casal atinge o clímax, as funções vitais voltam ao patamar de normalidade, o que gera sensação de relaxamento e bem-estar. Por isso, o sexo é altamente recomendável. Mas, por si só, não faz milagre. É preciso que a pessoa também se alimente adequadamente, pratique exercícios, não fume, enfim, tenha uma conduta que realmente favoreça a vida saudável.

É verdade que existem alimentos com efeito afrodisíaco?

A cultura brasileira está repleta de produtos e receitas "milagrosas" para aumentar o apetite sexual. De chá de prego, passando por ovo de codorna, até órgãos sexuais de boto da Amazônia, inúmeros são os alimentos aos quais se atribuem poderes afrodisíacos, cuja expressão deriva do nome da deusa Afrodite, associada pela mitologia ao amor e à sedução.

Na prática, não existe nenhuma comprovação científica que ateste a existência de alimentos capazes de estimu-

VOCÊ SABIA?

Da mesma forma que se pode preparar um prato especial para "apimentar" a relação, existem alimentos que devem ser evitados, pois são capazes de produzir exatamente o efeito contrário, ou seja, estragar os planos de quem pretende ter uma noite mais romântica. Entre eles, estão frituras, doces e carnes gordas, em razão da grande quantidade de gordura saturada, o que dificulta a digestão, além das bebidas alcoólicas, cujo excesso pode causar impotência.

Vida Sexual

lar o desejo ou melhorar o desempenho sexual. Segundo nutricionistas e nutrólogos, pode haver em alguns alimentos constituintes alimentares que desempenham funções específicas no organismo, as quais estão relacionadas ao ato sexual, como é o caso do amendoim, que, por ser rico em vitamina B3, contribui para a vasodilatação sanguínea, resultando no aumento da libido. Outra situação que pode ocorrer diz respeito a reações emocionais provocadas por pratos com boa aparência ou aroma e sabor muito agradáveis, o que acaba estimulando de alguma forma os cinco sentidos humanos, mas isso depende das preferências e da sensibilidade de cada um.

Tensão pré-menstrual (TPM) é doença?

Essa é uma questão controversa, mas não restam dúvidas de que existem alterações no corpo e no comportamento das mulheres diretamente relacionadas às fases do ciclo ovariano. Entre as mais comuns, estão cólicas abdominais, retenção de líquido, intumescimento das mamas, acne, diminuição da libido, ondas de calor, humor deprimido, raiva ou irritabilidade, dificuldade de concentração, desinteresse generalizado, aumento do apetite, desordens no sono e aparente descontrole emocional.

VOCÊ SABIA?

São poucas as mulheres, aproximadamente 8% delas, com quadro de TPM tão grave a ponto de comprometer suas relações pessoais ou profissionais, mas cerca de 80% daquelas que estão em fase reprodutiva apresentam sintomas, os quais se iniciam por volta dos 26 anos e tendem a piorar com o tempo. Assim, procurar ajuda o mais breve possível com seu ginecologista pode salvar seu relacionamento e evitar demissão no emprego.

Em geral, esses sintomas surgem uma ou duas semanas antes da menstruação e desaparecem no fim do fluxo menstrual. O tratamento é feito com ajustes na dieta alimentar, com maior quantidade de proteínas, vitamina B6, cálcio e magnésio e redução de produtos como açúcar, sal, café, álcool e chocolate. A prática de exercícios físicos também deve ser estimulada e, caso seja necessário, podem ser recomendados contraceptivos orais para evitar a menstruação e antidepressivos à base de inibidores da recaptação da serotonina para melhorar o humor e a autoestima. Uma informação importante é que a *Food and Drug Administration* (FDA), órgão governamental que faz o controle de alimentos e medicamentos nos Estados Unidos, autorizou o uso do antidepressivo fluoxetina para o tratamento da tensão pré-menstrual, a TPM.

A mulher na menopausa pode ser considerada doente?

Não, trata-se apenas de uma fase da vida das mulheres em que os ovários deixam de produzir os hormônios sexuais responsáveis pela capacidade reprodutiva e, consequentemente, a menstruação cessa. Cronologicamente, a menopausa ocorre durante o climatério, período de transição do período reprodutivo ou fértil para o não reprodutivo, que vai dos 45 aos 60 anos. Existem casos mais raros em que esse evento manifesta-se antes dos 40 anos, sendo chamado de menopausa precoce.

Embora não seja uma doença, a menopausa vem acompanhada de sintomas bastante incômodos, como ondas de calor, suores noturnos, insônia, menor desejo sexual, irritabilidade, depressão, ressecamento vaginal, dor durante relações sexuais, diminuição da memória e dificuldade de concentração. Pelo fato de o estrógeno, um dos hormônios sexuais que a mulher deixa de produzir na menopausa, ser responsável por fixar o cálcio nos ossos, é muito comum o desenvolvimento de osteoporose, doença caracterizada pelo enfraquecimento da massa óssea e maior incidência de fraturas espontâneas ou motivadas por acidentes. Em razão das modificações ocorridas no organismo feminino, as mulheres também ficam mais predispostas ao aparecimento e agravamento de outras doenças, como hipertensão arterial, AVC, depressão e diabetes tipo 2.

Atentos a esse quadro, os médicos podem recomendar tratamento baseado na reposição de hormônios, conhecido como terapia de reposição hormonal (TRH), mas isso deve ser feito com cautela e levar em conta o perfil de cada paciente, pois pode haver complicações, como câncer de mama e ovários, além de morte súbita como consequência de AVC e infarto agudo do miocárdio.

VOCÊ SABIA?

As famosas ondas de calor que costumam atormentar as mulheres que entram na menopausa ocorrem em mais de 50% dos casos, mas sua frequência diminui para 30% passados três anos. Já em mulheres acima de 67 anos, a prevalência desses sintomas é de apenas 16 % das mulheres.

Reposição hormonal para mulheres na menopausa evita o surgimento de problemas com os ossos, como a artrose e a osteoporose?

De fato, o tratamento à base de hormônios, chamado de reposição hormonal estrogênica (RHE), indicado para mulheres que já passaram pela menopausa, também se mostra eficaz contra a osteoporose, doença em que a massa óssea diminui substancialmente, tornando maior o risco de fraturas espontâneas ou provocadas por acidentes. No caso específico da artrose, não há comprovação científica que a RHE resolva tal problema e não vale a pena recorrer a essa terapia para a prevenção, pois os riscos são maiores que os benefícios.

São grandes os efeitos positivos do tratamento hormonal na prevenção de osteoporose considerando-se que, segundo as estatísticas, problemas dessa ordem atingem 10 milhões de brasileiros, dos quais três em cada quatro pacientes são do sexo feminino. E há até mesmo trabalhos científicos e estudos clínicos que atestam a menor incidência de osteoporose em mulheres tratadas precocemente com reposição hormonal.

Convém lembrar que a reposição somente deverá ser realizada por médico com ampla experiência, pois a mortalidade causada por doenças do aparelho cardiovascular, como infarto do miocárdio e acidente vascular cerebral, é alta, bem como a incidência de câncer de mama em pacientes com histórico familiar dessa doença. Para evitar esse tipo de risco, é fundamental obter o parecer de um médico ginecologista antes de tomar qualquer decisão.

Outro aspecto importante no tratamento da osteoporose está na prescrição de exercícios físicos adequados, além de caminhadas com exposição ao sol.

VOCÊ SABIA?

Após os 30 anos, a produção de hormônios no organismo começa a diminuir, provocando sintomas típicos do envelhecimento, como dificuldade de emagrecer ou facilidade de acumular gordura, perda de massa muscular e óssea, queda no desempenho sexual e na libido, entre outros. Isso não parecia problema para os antigos, cuja expectativa de vida era bem curta. Contudo, hoje, com o aumento da longevidade, as pessoas buscam manter a qualidade de vida por mais tempo e contam com os recursos oferecidos pela medicina como grandes aliados.

Qual é o tratamento mais eficaz contra a impotência sexual?

Impotência sexual ou disfunção erétil é uma doença masculina caracterizada pela incapacidade de manter uma ereção que permita penetração e relação sexual satisfatória. Não se pode falar em solução mais eficaz, porque não existe tratamento padrão para a doença. Cada caso é um caso. Por exemplo, muitas vezes o paciente chega ao consultório com queixa de dificuldade de ereção, mas, ao fazermos uma avaliação mais detalhada, descobrimos que o indivíduo pode estar hipertenso, diabético, com colesterol alto e problemas cardíacos. Trata-se, portanto, de uma síndrome, ou seja, vários fatores e alterações clí-

VOCÊ SABIA?

Não é por acaso que existem tantos registros de remédios populares prometendo acabar com o fantasma da impotência sexual. De acordo com os dados mais recentes da Sociedade Brasileira de Urologia (SBU), quase metade dos homens brasileiros (44%) sofre com problemas relacionados à disfunção erétil.

nicas que, juntos, formam um quadro específico que tem, entre outras anomalias, a disfunção erétil.

Por essa razão, o melhor tratamento para a doença é procurar ajuda de um médico que analise a fundo e com calma o problema individual de cada um, escolhendo a opção terapêutica mais eficiente para o caso. De forma geral, hábitos de sono inadequados, sedentarismo e doenças crônicas advindas dele, uso de drogas, circunferência abdominal avantajada, a popular "barriguinha", são apontados por pesquisadores como fatores que predispõem o homem à ocorrência de disfunção erétil.

Ejaculação precoce tem solução?

Sim, tem cura.

O problema caracteriza-se pela incapacidade de controlar a ejaculação, ou prolongar suficientemente a ereção, para garantir relação sexual prazerosa para ambos os parceiros. Tende a ser mais comum na adolescência, em razão da própria inexperiência com contatos mais íntimos que é comum nessa fase da vida.

Em geral, o problema está relacionado a situações em que há grande excitação sexual, mas também excesso de expectativas e pouca habilidade, tornando inevitável ocorrer uma resposta ejaculatória mais abrupta. Em raríssimos casos, a ejaculação precoce é decorrente de causas orgânicas, como enfermidades na uretra posterior e nas vias nervosas da medula espinhal, responsáveis pela ativação e controle do orgasmo. A ansiedade é outro fator que colabora para a ocorrência de ejaculação precoce.

Justamente por isso, as opções de tratamento são inúmeras e eficientes, incluindo medicações específicas, mudança do estilo de vida com a prática de atividades físicas, psicoterapia e terapia comportamental. É preciso fazer investigação clínica completa, que leve em conta o histórico de vida, hábitos sexuais, características da função ejaculatória (tempo de latência, controle) e também o perfil psicológico do paciente, para que se possa estabelecer tratamento individualizado. Outro fator importante para a superação da ejaculação precoce é não ter receio de reconhecer que o problema existe, em vez de buscar secretamente remédios folclóricos ou caseiros que podem até agravar o quadro. Por mais corriqueira que pareça na vida de um casal, a ejaculação precoce tem contribuído para inúmeros casos de separação.

VOCÊ SABIA?

A ereção e a ejaculação nos homens ocorrem quando estímulos genitais – assim como nas mulheres – ativam as vias nervosas da medula espinhal inferior. A sensibilidade dessas vias é aumentada ou diminuída por mensagens oriundas do centro sexual do hipotálamo, na base do cérebro.

Por que ainda não existe vacina contra a Aids?

Antes de mais nada, é preciso deixar claro que nenhuma forma de imunização existente, seja qual for o tipo de doença, é totalmente eficaz. Evidentemente, a simples possibilidade de recorrer a uma vacina, ainda que com baixa capacidade protetora, já constitui grande avanço no combate a doenças com características epidêmicas, como é o caso da Aids, especialmente em países africanos.

Para quem ainda não sabe, a sigla Aids significa Síndrome da Imunodeficiência Adquirida, cujo vírus causador

---

VOCÊ SABIA?

De acordo com a Associação Comercial da Indústria Farmacêutica dos Estados Unidos (PhRMA), apenas um em cada cinco produtos biomédicos testados em seres humanos é considerado adequado para obter licença comercial. Para agravar ainda mais a situação, no caso da Aids, o financiamento de estudos recebe menos de 1% do gasto total mundial em pesquisa farmacológica e de saúde.

é conhecido como HIV e pode ser transmitido por sangue, esperma, secreção vaginal e até pelo leite materno. Objetos contaminados pelas substâncias citadas também podem transmitir o HIV, caso haja contato direto com o sangue de uma pessoa.

Até o momento, o que existe são tentativas de criar uma vacina capaz de imunizar seres humanos contra a ação do vírus HIV, e ainda há várias etapas a serem vencidas até chegar à fase conclusiva. A principal dificuldade se deve ao fato de o vírus HIV apresentar capacidade de mutação muito grande, dificultando o trabalho dos cientistas.

VOCÊ SABIA?

Após contaminação por HIV, a doença pode demorar até 10 anos para manifestar-se. Quando isso ocorre, inicia-se processo de destruição dos glóbulos brancos, que são responsáveis pelo sistema de defesa do organismo. Por essa razão, o corpo fica desprotegido e várias doenças oportunistas podem aparecer e complicar a saúde da pessoa.

De qualquer forma, mesmo com o aparecimento da vacina, as medidas regulares de prevenção não poderão ser abandonadas. Pelo contrário, o uso de preservativos deve sempre ser o primeiro passo para não deixar que a doença volte a alcançar níveis epidêmicos.

HPV pode provocar câncer de colo de útero?

HPV é uma sigla usada para indicar a doença sexualmente transmissível chamada papiloma vírus humano. Afeta a pele e as mucosas genitais, provocando coceiras e lesões em forma de verrugas, a popular "crista de galo", além de aumentar o risco de desenvolvimento de câncer de colo de útero.

Os vírus de alto risco – ou seja, com grande probabilidade de provocar lesões cancerosas – são os tipos 16, 18, 31, 33, 45, 58, entre outros. Já os tipos 6 e 11, encontrados na maioria das verrugas genitais e papilomas laríngeos, não oferecem risco considerável de evolução para tumores malignos.

FIQUE ATENTO

Mais de 95% dos casos de câncer de colo de útero são causados pelo vírus HPV, estatística que se torna ainda mais preocupante quando se sabe que grande parte das mulheres com vida sexual ativa ainda não faz uso da camisinha. A vacinação é uma potente arma contra a doença.

Como não é possível saber de antemão qual vírus foi contraído, torna-se muito importante estar prevenido para evitar todas as formas possíveis de contágio, que ocorrem sempre pelo contato direto com a pele infectada. Como os HPV genitais são transmitidos por meio das relações sexuais, o uso de preservativo é indispensável.

Hoje, felizmente, a prevenção é feita por meio de vacina, que deve ser utilizada em mulheres entre 10 e 25 anos, aplicada em três doses: a inicial; a segunda, passados 30 dias; e a terceira, seis meses após a primeira. A vacina

VOCÊ SABIA?

Cerca de 50% a 80% das mulheres sexualmente ativas serão infectadas por um ou mais tipos de HPV ao longo da vida. Na maioria dos casos, a infecção tende a ser combatida espontaneamente pelo organismo, principalmente entre as mulheres mais jovens. Nos casos em que a produção de anticorpos não consegue eliminar o vírus, a doença se instala e requer tratamento.

não provoca a doença, pois não contém o DNA do vírus, e protege contra tipos oncogênicos mais comuns, ou seja, o 16 e o 18. Nos Estados Unidos, já existem trabalhos científicos indicando que a vacina poderá ter seu uso estendido aos homens na mesma faixa etária que as mulheres.

Vale lembrar que, entre as mulheres infectadas com HPV de alto risco de malignidade, somente 3% a 10% delas desenvolverão câncer de colo de útero. São considerados fatores de risco o número elevado de gestações; o uso de contraceptivos orais (pílula anticoncepcional); o hábito de fumar; o tratamento com medicamentos imunossupressores, no caso de pessoas transplantadas; além da existência de infecção por HIV e outras doenças sexualmente transmissíveis.

HPV tem cura?

Sim, mas para isso a pessoa portadora do vírus HPV deve consultar um médico e seguir rigorosamente o tratamento recomendado. O problema mais comum é que o vírus pode demorar a se manifestar, fazendo com que a pessoa não constate ser portadora, e assim ser transmitido para os parceiros sexuais. Geralmente, a manifestação ocorre quando se está com baixa imunidade, por exemplo, durante um resfriado, surgindo sintomas como verrugas na região genital e coceiras.

Existem várias formas de tratamento, indicadas para mulheres entre 14 e 45 anos.

- **Medicamentos:** destinados a melhorar o sistema de defesa do organismo.
- **Laser:** utilizado em alguns tipos de cirurgia para destruir os tecidos lesionados.
- **CAF (cirurgia de alta frequência):** procedimento feito com instrumento elétrico que remove e cauteriza a lesão.
- **Conização:** retirada de pedaço (em forma de cone) do tecido lesado com auxílio de bisturi, laser ou CAF.
- **Criocirurgia:** tratamento feito com instrumento que congela e destrói o tecido anormal.

GUIA DA ALIMENTAÇÃO E EMAGRECIMENTO

Por que temos de comer a cada três horas?

Não se trata de obrigação, mas de fazer aquilo que é mais adequado ao bom funcionamento do organismo e à manutenção de uma vida saudável.

De forma geral, o corpo humano "requisita" (por meio do hormônio da fome, chamado grelina) alimentos para se manter ativo a cada duas ou, no máximo, quatro horas, período chamado de ciclo gástrico, que corresponde ao tempo gasto entre a ingestão e o aproveitamento total dos nutrientes. O problema é que a maioria das pessoas não respeita esses ciclos, especialmente aqueles que "abrem" o dia (café da manhã), acreditando poder "compensar" na hora do almoço ou do jantar. Esse é um comportamento to-

VOCÊ SABIA?

A maioria das pessoas come quando está com fome ou quando se lembra de comer. No entanto, é muito difícil controlar a voracidade do corpo quando ele ficou privado de nutrientes por muito tempo. Assim, alimentar-se a cada três horas é uma forma muito eficaz de prevenir a obesidade.

talmente equivocado, porque fará com que o corpo armazene energia da qual não necessita naquele determinado período e, o pior, em forma de gordura.

A recomendação, portanto, é procurar respeitar o "relógio do organismo", alimentando-se nos horários corretos e de forma balanceada, sem esquecer os nutrientes importantes e compostos ativos que favorecem a boa saúde, física e mental.

O que fazer para se proteger da intoxicação alimentar?

A grande dificuldade de se manter livre da intoxicação alimentar é que, ao contrário do que todo mundo imagina, não são os alimentos visivelmente deteriorados que costumam provocar a doença, e sim aquelas comidas "acima de qualquer suspeita", com aparência, odor e paladar normais.

De forma geral, a intoxicação alimentar está associada a três tipos de bactérias.

- **Salmonella**: é uma enterobactéria responsável pela forma mais frequente da doença. É encontrada em alimentos de origem animal, como carne vermelha, ovos e frango. Os sintomas são diarreia, dor de cabeça e febre, que tendem a desaparecer entre 5 e 7 dias, não necessitando de internação na maioria dos casos. A ingestão de líquidos é indicada para não ocorrer desidratação. A medida mais eficaz é o cozimento de carnes e ovos. Também se deve evitar a ingestão de produtos crus que podem estar contaminados, como gema, maionese feita de ovos contaminados e carnes malpassadas. Outro cuidado importante é sempre lavar as mãos com sabonete antes de cozinhar ou manipular alimentos. Sugiro não criar em casa répteis, como tartaruga, pois são reservatórios naturais dessa bactéria, e crianças adoram brincar com esses bichinhos aparentemente inofensivos.

- **Clostrídios**: presentes no ar, na poeira e no chão, possuem grande capacidade de resistência, sobrevivendo até mesmo ao cozimento dos alimentos. Fazem parte do "grupo de risco" os enlatados de vegetais e conservas de carne feitas em casa. Um dos aspectos mais frequentes dos alimentos contaminados é a deformação dos enlatados, principalmente latas estufadas. A doença provocada por essa bactéria é o botulismo, que se caracteriza por paralisia progressiva dos membros, podendo levar à morte rapidamente se a antitoxina não for aplicada a tempo. Há outro tipo de clostrídio, com mais ocorrências em carnes vermelhas e frangos, o qual é menos agressivo que o anterior, tendo como sintomas dores abdominais e diarreia.
- **Estafilococos**: microorganismos que vivem na superfície da pele, no nariz e na garganta de indivíduos que, embora infectados, permanecem sãos. Os alimentos manipulados podem ser contaminados por meio de espirro, tosse e contato com as mãos desses portadores, transmitindo essas bactérias para o interior do sistema gastrointestinal. Os alimentos mais contaminados são

presunto, carnes defumadas, maionese, sorvetes, confeitos e doces industrializados. Os principais sintomas podem iniciar-se nas primeiras seis horas após o contágio e caracterizam-se por tonturas, náuseas, vômitos e diarreia.

Seja qual for o tipo de intoxicação alimentar, são consideradas medidas eficazes: não ingerir alimentos de origem desconhecida, cozer e assar carnes, legumes e vegetais, tomar leite pasteurizado e evitar ingerir condimentos, maionese, cremes e molhos fora de casa.

A dança pode substituir outras atividades físicas?

Sim. Evidentemente, tudo depende das preferências, motivação e das habilidades de cada pessoa, mas, em geral, dançar mantém o corpo em movimento, proporcionando alongamento, correção postural e flexibilidade aos praticantes.

Alguns especialistas até vão mais longe e garantem que a dança é forte aliada da vida saudável, na medida em que ajuda a reduzir peso corporal, aumenta massa muscular, desenvolve coordenação motora e promove condicionamento físico, o que auxilia, por sua vez, no controle da pressão arterial. Isso sem contar benefícios psicológicos, como diminuição do estresse e da ansiedade e elevação da autoestima.

VOCÊ SABIA?

Não há como estabelecer valor exato para o gasto calórico obtido com atividades relacionadas a algum tipo de dança, mas, de forma geral, uma pessoa pesando 60 quilos perde aproximadamente 200 calorias a cada hora que permanece dançando em ritmo lento. Se o movimento for mais agitado, esse número dobra, atingindo 400 calorias.

É verdade que tomar uma taça de vinho todo dia faz bem?

Essa é uma questão bastante controversa.

Em primeiro lugar, nunca é demais lembrar que beber mais do que o recomendado não traz qualquer benefício, e sim uma série de riscos à saúde (vide, na Parte 1, a resposta sobre alcoolismo). Já o consumo moderado, a famosa taça de vinho tinto durante o jantar tende a ser apontada como benéfica na prevenção de doenças cardíacas e neurológicas, como Alzheimer ou Parkinson. Aceita-se como benéfico o homem ingerir diariamente até duas taças de vinho tinto e a mulher somente uma, pois a mulher tem menos água no corpo e também menos enzimas he-

---

VOCÊ SABIA?

O resveratrol, substância presente nos vinhos à qual se atribui a capacidade de proteger o coração de doenças cardiovasculares, está muito mais presente nos vinhos tintos do que nos brancos. Isso porque a sua maior concentração está na casca da uva, que no caso dos vinhos brancos é retirada com antecedência, antes do processo de fermentação.

---

páticas, substâncias utilizadas para metabolizar o álcool ingerido, tornando-o mais tóxico.

Infelizmente, o vinho pode ser prejudicial para portadores de diabetes, pois aumenta os níveis de açúcar no sangue; para pacientes com enxaqueca e pessoas obesas, afinal cada taça de 125 ml de vinho tinto tem aproximadamente 107 calorias; para mulheres com tendência a desenvolver câncer de mama, uma vez que seu efeito pode elevar a produção de estrógeno, hormônio potencializador da doença; bem como para mulheres em geral quando ingerido acima do recomendado (uma taça ao dia), porque pode favorecer o aparecimento de arritmia cardíaca denominada fibrilação atrial.

PROBABILIDADES

Existem também alguns marcadores, identificados por meio de exame de sangue, cujos resultados podem indicar probabilidades de o paciente vir a ter mal de Alzheimer.

A comunidade médica tem intensificado os estudos sobre mal de Alzheimer por ser uma doença com incidência cada vez maior, fato que está relacionado ao sensível aumento da longevidade da população. Atualmente, estima-se a existência de 1,2 milhão de doentes apenas no Brasil, número que deverá dobrar até 2025.

Mel faz bem à saúde?

Além de ser muito saboroso, o que permite seu uso na elaboração de diversas receitas culinárias, o mel apresenta em sua composição vitaminas B e C, aminoácidos (proteínas) e potássio, substâncias de vital importância para o nosso organismo. Além disso, são ricos em flavonóides, grupo de compostos químicos com ação antioxidante e anti-inflamatória.

Não por acaso, já existem estudos indicando que o mel promove reações orgânicas de defesa do corpo humano, tendo efeito particularmente curativo sobre feridas e problemas relacionados à garganta, como tosse noturna. Vale lembrar que a ingestão de mel, seja como ingrediente culinário ou medicamento, não é recomendada para indivíduos portadores de diabetes, pois esse alimento é hipercalórico e contém sacarose, bem como outros tipos de açúcar.

VOCÊ SABIA?

A própria Organização Mundial da Saúde (OMS) inclui em seus registros a indicação do mel como substância adoçante com efeito positivo em indivíduos com quadro de irritação da garganta e tosse.

É recomendável fazer uso de suplementos alimentares?

O mundo mudou muito e podemos dizer que, hoje, vivemos cada vez mais sob o "império da estética". Homens e mulheres vaidosos e disciplinados querem ver mudanças rápidas no corpo e, por isso, são capazes de gastar altas quantias mensais no consumo de proteínas e demais suplementos.

Quando se trata de atletas de alta performance, que necessitam e convivem com rotina puxada de exercícios para alcançar os resultados desejados, os suplementos tentam fornecer ao corpo a dose extra de que ele necessita para "dar conta do recado" e também se recuperar mais rapidamente da exaustiva maratona de agressões a que é exposto. Mas esses são casos específicos e acompanhados por profissionais especializados, incluindo *personal trainers*, nutricionistas, endocrinologistas e médicos do esporte.

Do outro lado, está a grande parcela da população, que precisa manter o corpo em forma para ter vida saudável e diminuir o risco de contrair doenças como diabetes, hipertensão arterial, AVC e infarto. Para esse grupo de pessoas, o emprego de suplementos, anabolizantes e hormônios, principalmente o do crescimento, tem sido cada vez mais frequente. A promessa do corpo perfeito sem muito esforço é cada vez mais difundida e, o que é pior, prescrita por pessoas sem o menor conhecimento. Já tratei de diversos usuários com graves distúrbios hormonais e lesões no fígado causados pelo uso de suplementos. Sem contar as internações de indivíduos com quadro preocupante de arritmia cardíaca e hipertensão arterial.

Como o fígado é o órgão que metaboliza tudo que entra em nosso corpo, essas substâncias acabam provocando lesões, às vezes irreversíveis. E os rins, por estarem encarregados de eliminar na urina o "lixo" resultante do metabolismo interno, também são agredidos por essas substâncias tóxicas, sofrendo lesões graves, podendo culminar em insuficiência renal.

Por isso, vai aqui a dica: não use substâncias que prometem milagres. E procure sempre seu médico de família ou clínico para ajudar na definição da dieta mais adequada para seus objetivos.

É verdade que não comer carne vermelha pode causar a falta de ferro no sangue, provocando anemia?

Assim como o cálcio e o fósforo, o ferro faz parte do grupo de sais minerais indispensáveis à vida. É fundamental para a produção da hemoglobina, pigmento dos glóbulos vermelhos do sangue que permite transportar o oxigênio até as células. Sua carência provoca a chamada anemia ferropriva, popularmente conhecida como anemia.

O ferro não é encontrado apenas na carne animal, mas como o trato digestivo humano absorve mal as reservas existentes nos grãos, tubérculos e nas plantas verdes, a carne vermelha ainda se mantém como uma das fontes mais importantes desse nutriente e de vitaminas como a B12. Não é por acaso que há maior propensão ao desenvolvimento de anemia ferropriva entre gestantes desnutridas que apresentam baixas reservas de ferro,

VOCÊ SABIA?

Cerca de 20% da população mundial não tem, no organismo, reservas de ferro suficientes para repor a hemoglobina e, por essa razão, a anemia ferropriva torna-se um problema de saúde pública.

indivíduos vegetarianos sem suplementação de ferro na dieta, pessoas na terceira idade que não se alimentam adequadamente e, por deficiência hormonal, têm a absorção de ferro e cálcio prejudicada. O consumo elevado de café, por sua vez, altera a absorção de ferro, aumentando sua perda.

Em geral, as mulheres têm mais anemia que os homens, pois perdem sangue durante a menstruação. Também é importante destacar que ocorre perda sanguínea crônica microscópica (impossível de ser vista a olho nu) em portadores de úlceras do sistema gastrointestinal e câncer do intestino.

Como a anemia pode ser diagnosticada?

A anemia é detectada por meio do exame de sangue denominado hemograma. Nele, é verificado o nível de hemoglobina e hematócrito, mostrando a concentração e a porcentagem do pigmento que contém quatro átomos de ferro por molécula (hemoglobina: o grupo heme é que tem ferro e a globina é a proteína acoplada para o transporte). Ambos são importantes para o diagnóstico de anemia. Outros exames são importantes para detectar qual o tipo de anemia, mas não cabe abordá-los aqui.

Pode-se classificar a anemia de acordo com aquilo que a causa:

- Produção diminuída de hemoglobina – talassemia, anemia megaloblástica, aplasia de medula etc.
- Destruição aumentada de hemoglobina, motivada por sangramento, infecção, hemólise (quebra anormal de hemácias nos vasos sanguíneos), hiperesplenismo (funcionamento anormal do baço) etc.
- Tamanho do glóbulo vermelho, que pode apresentar-se pequeno, normal ou grande. No primeiro caso, a anemia é chamada microcítica (talassemia e deficiência de ferro); no segundo, normocítica (falta de alimentação

ou desnutrição); e no terceiro, macrocítica (deficiência de vitamina B12, doenças hepáticas e quimioterapia).

Seja qual for o tipo de anemia, o mais importante é sempre recorrer ao clínico ou médico de família para fazer uma avaliação geral, sendo o hematologista o especialista indicado para assuntos relacionados ao sangue e seus componentes.

Por que as dietas radicais podem ser prejudiciais à saúde?

As dietas radicais, como aquelas em que só é permitido ingerir proteínas ou comer abacaxi, podem até apresentar efeitos imediatos, mas costumam ter muitas consequências negativas. Entre elas, estão o indesejável efeito sanfona (estrias e flacidez geradas por engordar e emagrecer seguidamente) e até danos mais sérios à saúde. Isso ocorre porque, dificilmente, uma pessoa consegue seguir por muito tempo uma dieta incômoda do ponto de vista das necessidades vitais do organismo e logo volta a "comer errado". Além disso, embora emagrecer seja o sonho da maioria das mulheres, quando o processo se dá de forma muito acelerada, leva à carência de nutrientes essenciais, como a vitamina B12, no caso da restrição total de gorduras, por exemplo.

Por essa razão, o recomendável é sempre optar por dieta balanceada, ou seja, incluir os principais grupos de alimentos, incluindo carboidratos, vitaminas, proteínas, minerais e até gorduras, pois são elas que fornecem energia ao organismo e também atuam na fabricação de hormônios vitais ao organismo. Um ponto importante ao estabelecer uma dieta é respeitar as características físicas de cada um, pois não se pode exigir de uma mulher de 1,80 metro que ela tenha o mesmo peso das modelos de passarela. Isso é irreal e já é contestado até mesmo pelos profissionais do mundo da moda. Evidentemente, para emagrecer de fato, é preciso diminuir alimentos calóricos, como gorduras, massas, doces, e ter uma rotina regular de exercícios físicos, o que exigirá, além da consulta a um bom nutricionista, muita força de vontade por parte do paciente.

VOCÊ SABIA?

Segundo dados estatísticos, o sobrepeso e a obesidade, somados, já atingem cerca de 60% da população adulta brasileira, tornando a obesidade uma epidemia: é a segunda maior causa de morte evitável, superada apenas pelo tabagismo.

Consumir ração humana realmente ajuda a emagrecer?

Antes de mais nada, é preciso explicar que a chamada ração humana nada mais é do que um composto de cereais, entre os quais estão semente de linhaça, quinua, farelo de trigo e aveia. Segundo os nutricionistas, esses cereais ajudam a regular as atividades do intestino, mas, evidentemente, por si só, não podem fazer uma pessoa emagrecer. Pelo contrário, se forem inseridos numa dieta inadequada, ou consumidos em excesso, podem até produzir o efeito contrário, ou seja, provocar o ganho de peso. Além disso, exagerar no consumo de fibras não é bom nem mesmo para o intestino, sobretudo se não houver a ingestão de líquido adequada para formar bolo fecal com consistência correta.

Portanto, com ou sem ração humana, a recomendação para quem deseja e necessita emagrecer é procurar bons especialistas, que ajudem a desenvolver uma dieta correta, a qual, obviamente, pode até incluir esse *mix* de cereais, associado a um programa de exercícios físicos regulares.

Alguns cereais, seus componentes e benefícios.

- **Linhaça:** rica em ácidos graxos Ômega 3, sais minerais e vitaminas. Regula o intestino e tem ação anti-inflamatória.
- **Fibra de trigo:** combate a prisão de ventre e estimula o bom funcionamento do intestino.

- **Aveia:** ajuda a reduzir o colesterol ruim (LDL ou lipoproteína de baixa densidade), pois atua diretamente sobre as moléculas de gordura.
- **Gergelim:** contém cálcio, fósforo e vitaminas A, E, B1 e B2. Auxilia no combate a tumores, memória fraca, gastrite, úlcera e pressão alta.
- **Gérmen de trigo:** rico em vitamina E, além de algumas outras dos grupos K, F, D, A, B. Atua no combate à menstruação irregular e infecções.

Em quais casos a cirurgia de redução do estômago, ou bariátrica, deve ser considerada para quem está acima do peso?

A cirurgia bariátrica, popularmente conhecida como redução do estômago associada ou não ao *by-pass* gástrico, é recomendada para pacientes com índice de massa corporal (IMC) acima de 40, o que corresponde a cerca de 45 quilos acima do peso ideal em homens e de 36 quilos em mulheres. As pessoas com IMC entre 35 e 40 e portadoras de diabetes tipo 2 ou problemas cardiopulmonares, como apneia do sono grave, geralmente também estão entre os pacientes com indicação cirúrgica.

Mas atenção: a indicação definitiva feita pelo médico pede um período de pelo menos cinco anos de evolução da obesidade e a constatação de insucesso nos tratamentos convencionais. É importante ter consciência de que esse tipo de cirurgia não equivale a uma espécie de "milagre do emagrecimento" e que os resultados dependem da força de vontade do indivíduo operado em comprometer-se com a mudança de hábitos, incluindo alimentação saudável e atividades físicas regulares.

Vale lembrar que em aproximadamente 30% dos casos há o surgimento de doenças provocadas por deficiências nutricionais, como anemia e osteoporose, sendo recomendada a ingestão de vitaminas e minerais fundamentais ao organismo. Náuseas, fraqueza, sudorese e diarreias após a alimentação, principalmente com a ingestão de açúcares, em razão da rapidez da passagem dos alimentos pelo intestino delgado, também são comuns (efeito *dumping*). Além disso, 10% a 20% das pessoas submetidas à cirurgia para perda de peso necessitam de novas operações para corrigir complicações decorrentes da intervenção inicial, como hérnia abdominal e acúmulo de pedras na vesícula.

Como saber a diferença entre alguns "quilinhos a mais" e o risco de obesidade?

A forma mais segura de avaliar se seu peso está dentro dos parâmetros normais é medir o seu IMC, ou seja, o índice de massa corpórea. O cálculo é feito por meio da divisão do peso medido em quilos pela altura em metros elevada ao quadrado. Por exemplo, no caso de uma pessoa que pesa 80 kg e tem 1,80 m de altura, o cálculo deve ser feito da seguinte forma: 80/1,80 X 1,80 = 80 / 3,24 = 24.69.

Em seguida, compara-se o valor obtido com os índices indicados pela tabela do IMC.

- **15 a 20:** abaixo do peso normal. Se você está nessa faixa, procure atendimento médico e passe por uma avaliação para saber valores relativos a anemia, doenças hormonais, metabólicas e nutricionais.
- **20 a 25:** parabéns, seu peso está na faixa da normalidade. Continue com seu programa de atividade física e nutrição balanceada.
- **25 a 30:** significa que está com sobrepeso. Você deve sentir que suas roupas já estão um pouco apertadas, o que provoca incômodo. A dica é "fechar a boca" e queimar mais calorias do que consome. Assim, quando for ao supermercado, compre mais verduras, legumes, frutas, cereais e esqueça os doces, chocolates

e pão branco. Tire a roupa de ginástica do armário e mãos à obra!

- **30 a 35:** você está obeso ou a chamada Obesidade grau I. É necessário ir ao seu médico e avaliar as gorduras do sangue – colesterol e triglicérides –, bem como os níveis de açúcar, a glicemia. Hoje, também é importante verificar a hemoglobina glicada – memória do açúcar presente no seu sangue nos últimos três meses – e checar o índice de resistência da insulina (HOMA-IR), fortes preditores do diabetes tipo 2 ou do adulto. Como citado acima, mãos à obra! Sempre é tempo de superar os problemas e voltar à ativa. Depende de você.
- **35 a 40:** você está com obesidade severa ou grau II.
- **40 acima:** Obesidade mórbida ou grau III. Nesta fase e na anterior, seu peso interfere muito na sua qualidade de vida. O sono, por exemplo, é interrompido pelo ronco e apneia. Você tem muito sono durante o dia e se pega dormindo em momentos que exigem concentração, o que interfere até mesmo no rendimento profissional. Além disso, pode desenvolver hipertensão arterial, diabetes, problemas intestinais, fraqueza, momentos de ansiedade e depressão. É aconselhável recorrer a

suporte multidisciplinar, com nutrólogo, psiquiatra, endocrinologista, cardiologista e médico generalista para administrar sua saúde. Pode haver indicação de cirurgia bariátrica (redução do estômago associado ou não ao by-pass gástrico), o que deverá ser discutido com especialistas. Hoje, há equipes com muita experiência nesse tipo de procedimento e os resultados são excelentes. O importante é saber que sempre há saída para esse tipo de problema; por isso, é preciso olhar para frente e ter um objetivo real, bem como um plano de ação viável. Lembre-se de que uma pessoa leva muitos anos para engordar. Então, pode ser que leve algum tempo para emagrecer. Não acredito em duas coisas: dietas milagrosas e emagrecimento rápido. O efeito sanfona existe, e não é só com você.

Há, ainda, outras formas de continuar sua avaliação. Outro índice muito empregado por nutricionistas e médicos é a relação cintura-quadril (RCQ), que é obtido dividindo-se a circunferência da cintura abdominal (passar a fita métrica em centímetros pela linha do umbigo) pela do quadril (passar a fita métrica em cima dos ossos da bacia, na lateral do corpo). São considerados preocupantes os valores maiores que 0,9 no homem e 0,8 na mulher. Esse procedimento mede a gordura visceral, que fica alojada entre os intestinos e é a mais difícil de perder. Ela libera hormônios e substâncias tóxicas, que aceleram o processo de diabetes, hipertensão arterial, infarto, acidente vascular cerebral e até morte súbita. É preciso estar sempre atento e combater o excesso desse tipo de gordura, o que pode ser feito por meio de exercícios físicos e nutrição balanceada.

Para crianças e adolescentes, os critérios para diagnóstico dependem da comparação do peso com valores considerados normais para a idade exata do paciente.

Além da reeducação alimentar e do exercício físico, a pessoa obesa necessita de acompanhamento psicológico e/ou psiquiátrico?

Hoje, já se sabe que a obesidade tem relação direta com o comportamento humano. A fome normal, que cessa logo após uma alimentação balanceada, não traz riscos à saúde. Por outro lado, aquela representada por excessos e compulsões necessita ser controlada e tratada, pois coloca em risco tanto a saúde física quanto a sanidade mental do paciente.

Neste segundo caso, é fundamental o acompanhamento de profissionais como psiquiatras e psicólogos, com experiência em compulsão. Terapia comportamental, me-

---

VOCÊ SABIA?

A obesidade já é considerada um dos maiores problemas de saúde da atualidade, pois atinge indivíduos de todas as classes sociais. Além dos problemas psicológicos, como infelicidade e inadequação social, também causa enormes danos ao organismo. Outro dado que assusta é o fato de filhos de pais obesos terem 80% a 90% de probabilidade de desenvolver a mesma doença.

---

dicações e participação em grupos de apoio também são ferramentas eficientes e dão certo.

Mudar o comportamento humano é difícil, mas não impossível. Nesse aspecto, tanto a família como os amigos têm papel relevante no que se refere ao reforço positivo de ações e atitudes.

Existem alimentos que provocam refluxo?

Muitas pessoas se queixam do problema da regurgitação de alimentos após as refeições, referindo-se à sensação de queimação no peito, vinda de baixo para cima até a boca, e também ao gosto amargo na garganta. O nome técnico desse problema é refluxo gastroesofágico, que ocorre quando há retorno do suco gástrico até o esôfago. Isso pode ser causado, sim, por determinados alimentos, como café, álcool, frutas cítricas – limão, laranja e abacaxi –, frituras, doces e bebidas gasosas, pois elevam a produção de ácido gástrico.

Para livrar-se desse problema, as dicas são procurar fazer refeições pequenas mais vezes ao dia – o que ajuda

VOCÊ SABIA?

Azia ou queimação é sintoma de ácido gástrico no esôfago e sinal mais frequente do refluxo gastroesofágico ou gastrite, porém não deve ser considerada motivo de maiores preocupações, a não ser que seja muito recorrente, pelo menos mais de uma vez por semana.

a manter menos quantidade de alimentos no estômago –, evitar comer até duas horas antes de deitar e policiar-se quanto aos alimentos já citados, que fazem parte do grupo de fatores de risco.

Vale lembrar que o refluxo gastroesofágico também pode ser causado por outros quadros clínicos específicos, como gravidez, obesidade e hérnia de hiato (deslizamento do estômago em direção ao esôfago, causado pela fraqueza do diafragma), entre outros, sendo importante fazer uma consulta com o clínico geral ou o gastroenterologista para obter mais detalhes.

Alimentos com muito cálcio podem causar pedras nos rins?

O cálculo renal, popularmente chamado de pedra nos rins, ocorre quando o órgão concentra sais minerais que não foram expelidos pela urina. De fato, com a produção cada vez maior de alimentos industrializados ricos em proteínas, sal e hidratos de carbono, existe maior possibilidade de formação de cálculos, mas as pesquisas não comprovam que comer qualquer alimento específico cause a doença, a não ser em casos já diagnosticados na família. Fora isso, existem outros fatores que aumentam o risco de pedras nos rins: infecções urinárias, desordens metabólicas e endócrinas, como aumento do ácido úrico (gota), hipercalcemia secundária e problemas na glândula paratireoide. Medicamentos diuréticos e antiácidos com grande concentração de cálcio também podem contribuir para o surgimento do cálculo renal, além de inflamações crônicas do intestino.

Quem já se deparou com o diagnóstico de pedra nos rins, ou conhece alguém nessa situação, sabe que se trata de um dos problemas urológicos mais doloridos. Alguns chegam a comparar esse sintoma com as cólicas sofridas durante o parto. Felizmente, na maioria dos casos, o cálculo é eliminado sem intervenção cirúrgica, seguindo o tratamento mais recomendado que prevê a ingestão de grandes quantidades de líquidos. Fora isso, o médico pode prescrever medicamentos para ajudar a prevenir a ocorrência de pedras de cálcio e ácido úrico, mas o cálculo renal causado por infecção no trato urinário geralmente é tratado por meio de antibióticos. Existem ainda procedimentos altamente especializados para quebrar pedras muito grandes (maiores de 0,8 cm) ou densas que não possam ser eliminadas espontaneamente, lembrando que caso isso não ocorra em período razoável de tempo e haja complicações severas, como dor, bloqueio do fluxo da urina e agressão ao tecido dos rins com sangramento, a cirurgia para remoção dos cálculos pode ser necessária.

VOCÊ SABIA?

Aproximadamente 12% dos homens e 5% das mulheres podem ter, pelo menos, uma ocorrência de cálculo renal em sua vida. Os mais atingidos são os adultos jovens (de 30 a 40 anos) e brancos.

Como livrar-se do sofrimento do intestino preso?

Aquele ditado popular que afirma "você é o que você come" aplica-se ao nosso intestino como em nenhum outro caso. As pesquisas são categóricas: alimentos que contêm fibras, como farelos, legumes e vegetais e a grande maioria das frutas, são laxantes naturais. É claro que a ingestão de líquidos também é fundamental para transformar essas fibras num bolo fecal volumoso e consistente, caso contrário o ressecamento persistirá.

Uma dica eficaz é procurar incluir na dieta iogurtes ricos em lactobacilos, que ajudam a equilibrar a flora do intestino e, assim, regularizar sua função. A prática de atividade física, pelo fato de aumentar os movimentos peristálticos (aqueles que os intestinos fazem para impulsionar o bolo fecal), também favorece a melhora do funcionamento intestinal.

VOCÊ SABIA?

Nossos antepassados medievais comiam cerca de 600 gramas de pão integral por dia, enquanto nós ingerimos apenas 150 gramas, e quase sempre produzido com farinha refinada.

Como tratar o problema do alcoolismo?

Alcoolismo é uma doença caracterizada pelo desejo incontrolável de consumir continuamente bebidas alcoólicas, cuja quantidade é prejudicial à saúde.

Trata-se de condição muito séria, pois traz graves danos não só ao físico e à mente, como também à sociedade. Afeta o relacionamento e o convívio social, interferindo no dia a dia e nas tarefas executadas, além de ser um dos fatores responsáveis pela perda de emprego. No organismo, pode lesar o sistema gastrointestinal, originando gastrite, úlcera, pancreatite e cirrose hepática. Problemas cardiovasculares, como hipertensão arterial, e neurológicos, como demência, são recorrentes. Também há danos causados à produção de hormônios relacionados ao sexo, tanto no homem quanto na mulher. Integram ainda a lista de efeitos nocivos do álcool diversos problemas de ordem psíquica, como depressão, estado de euforia patológica, ansiedade, alucinações, perda de memória e comportamento desajustado.

Uma das maiores dificuldades no tratamento do alcoolismo é o excesso de tolerância em relação ao seu consumo, diferentemente do que ocorre com o uso de entorpecentes ilícitos. Outra situação crítica é a identificação tardia da doença, geralmente quando o quadro de alcoolismo já está instalado, uma vez que os pacientes têm dificuldade em perceber os limites entre o "uso social" e a dependência e, justamente por isso, tendem a negar a existência do problema.

Alguns especialistas acreditam que a maioria dos indivíduos deve ser tratada em casa, com medicamentos e terapia. Há casos nos quais a internação clínica é indicada, especialmente para pessoas com histórico de consumo de álcool prolongado e abstinência, em que há supervisão

VOCÊ SABIA?

O consumo de álcool tem sido associado ao desenvolvimento de diversos tipos de câncer, não somente nas áreas diretamente afetadas pela ingestão de bebidas, como faringe, laringe, esôfago e fígado, mas também em outras, como a mama, no caso das mulheres. Diversos estudos têm apontado que o risco de desenvolver a doença é diretamente proporcional à quantidade de álcool consumida.

médica contínua e a aderência ao tratamento é feita de forma progressiva.

Um dos pontos em comum entre todos os que convivem com esse tipo de distúrbio é o reconhecimento da utilidade dos chamados grupos de apoio, como os Alcoólicos Anônimos (AA), caracterizados por relatos de vivência e superação do vício. Vale ressaltar que a mudança de comportamento deve contar com apoio familiar, sendo fundamental também a adesão a um novo estilo de vida no qual estejam incluídas práticas saudáveis, como atividade física diária, meditação, artes marciais, entre outras.

Existem alimentos rejuvenescedores?

Algumas substâncias presentes em alimentos, classificadas como antioxidantes, são capazes de combater os radicais livres, toxinas formadas pelo próprio corpo que danificam as células e tendem a acelerar o envelhecimento. Por isso, costuma-se dizer que elas favorecem o rejuvenescimento, mas, na verdade, o que fazem é retardar o processo de apoptose ou morte celular programada.

Como exemplo, pode-se citar o alho, que ajuda na manutenção do tecido conectivo e articulações; a aveia, que diminui os processos inflamatórios e melhora a função in-

VOCÊ SABIA?

Ao contrário do que se imagina, as mulheres são mais favorecidas do que os homens quando se trata de combater o envelhecimento, uma vez que produzem em maior quantidade o estrogênio, hormônio responsável por fazer o organismo produzir mais enzimas antioxidantes, que combatem os radicais livres e, consequentemente, os indesejáveis sinais da idade.

testinal; as frutas, legumes e verduras como cenoura, abóbora, mamão, laranja, espinafre e brócolis, os quais podem conter betacaroteno, potente fortalecedor do sistema imunológico. Já o licopeno, encontrado no tomate, pimentão vermelho, beterraba, goiaba e melancia, é considerado um anti-inflamatório que contribui para a prevenção do câncer de próstata. O chá verde é conhecido como formador de colágeno e inibidor de células cancerígenas na pele; as frutas vermelhas, como morango, amora, framboesa e açaí, por sua vez, atuam na desintoxicação do organismo.

Vale lembrar que uma das formas mais eficazes de retardar o envelhecimento é praticar atividades físicas regularmente e se alimentar de forma saudável.

GUIA DOS TRANSTORNOS E SÍNDROMES

Uma pessoa pode ter depressão e não saber?

Há pessoas que tentam esconder a tristeza, por exemplo, mascarando-a após uma separação conjugal ou a morte de um ente querido. Os homens, em especial, pela prevalência do machismo em nossa cultura, tendem a negar que estão deprimidos, não apenas para os outros, mas para si mesmos, afinal "homem que é homem não chora". Muitos, por não conseguirem disfarçar seu descontentamento perante a vida, tornam-se agressivos ao extremo, sendo esse mais um truque para mascarar seu estado depressivo.

VOCÊ SABIA?

Nem sempre o indivíduo deprimido se sente triste e abatido, como costumamos imaginar. Muitas vezes, a depressão é camuflada por sintomas aparentemente não correlacionados e sem causas médicas que os justifiquem, como ataques de ira, tentativas constantes de culpar os outros e até dores pelo corpo.

Ora, machismo e saúde não combinam. A tristeza é, de fato, uma das cinco emoções inerentes ao ser humano, como o medo, a alegria, a raiva e o afeto. Quando a tristeza se torna crônica a ponto de ser um impeditivo para dar andamento à própria vida, é preciso acender o pisca-alerta. Além dessa tristeza, que se manifesta por meio de sentimentos como desânimo, desinteresse pela vida, desesperança, autodepreciação e, quase sempre, culpa, outros sintomas devem ser levados em conta para diagnosticar um quadro de depressão, entre os quais voracidade alimentar ou falta de apetite, dificuldade em dormir ou excesso de sono, fadiga constante, irritabilidade, dificuldade de raciocínio ou de concentração, distração excessiva com lapsos de memória, crises de choro, agitação fora do comum. Um dos sintomas mais frequentes é a perda da libido.

Como tratar a depressão? Existe um remédio certo?

A rigor, segundo estudos realizados, não há diferenças significativas entre os vários medicamentos existentes para tratamento da depressão, mas isso não quer dizer que qualquer um deles possa ser receitado para um paciente com essa doença. Pelo contrário. A escolha do antidepressivo deve ser baseada nas características de cada pessoa, levando em conta o tipo de depressão manifestada, os efeitos colaterais, o eventual risco de suicídio, a presença de doenças clínicas como diabetes, hipertensão arterial, obesidade, insônia, a existência ou não de tratamento terapêutico concomitante, a tolerabilidade, a dosagem adequada e os prejuízos cognitivos, o custo, entre outros fatores relevantes.

A boa notícia é que tudo isso pode ser levado em conta pelo médico na hora de prescrever uma receita. Desde o surgimento dos primeiros antidepressivos, nos anos 1950, essa área alcançou grandes avanços e, atualmente, os medicamentos que controlam a depressão são muito eficazes e apresentam pouquíssimos efeitos colaterais.

Cabe também ao médico avaliar se o paciente *é* ou *está* deprimido, pois, neste último caso, certamente o tratamento deve ser o mais breve possível. Vale lembrar que os antidepressivos conseguem, em média, uma remissão nos sintomas depressivos de até 70%, o que pode ser ainda mais otimizado com a psicoterapia de apoio, responsável por introduzir mudanças, ainda que bastante sutis, no estilo de vida do paciente, acelerando seu processo de recuperação.

Quando o fato de "ser ansioso" deixa de ser normal?

A resposta é mais simples do que se pensa. Sempre que algo nos impede de levar uma vida normal e realizar os planos do dia a dia passa a ser patológico, ou seja, sai dos limites da normalidade. Assim é com a ansiedade também. Aquela adrenalina que os atores sentem antes de entrar em cena, como os atletas prestes a disputar uma competição decisiva, o tal "friozinho na barriga", é absolutamente natural. Preocupante seria não esboçar emoção diante de momentos tão marcantes. O problema começa quando a ansiedade impede uma pessoa de concretizar

VOCÊ SABIA?

A ansiedade é uma resposta natural do indivíduo diante da experiência de mudança ou do encontro com algo novo na vida, relacionando-se à necessidade de afirmação da própria identidade. Já a ansiedade patológica, além de ser uma reação desproporcional à situação que a causou, atrapalha e até impede a adaptação a eventos naturais da vida.

aquilo que é necessário para levar sua vida adiante. Não obter um diploma de bacharel por não conseguir encarar uma banca examinadora, por exemplo, caracteriza quadro de ansiedade importante, que pede a consulta a um médico especialista, no caso um psiquiatra.

Além do sofrimento e do evidente prejuízo à vida pessoal e ao trabalho, outros sintomas precisam existir para a ansiedade ser considerada uma doença, também chamada de ansiedade generalizada:

- Tensão constante e elevada, como se estivesse prestes a explodir.
- Irritação exagerada sem qualquer razão justificável.
- Enrijecimento muscular.
- Problemas com o sono.
- Dificuldade em concentrar-se e ocorrência de "brancos" frequentes.
- Cansaço ao mínimo esforço.

É possível se livrar da ansiedade patológica sem ir ao médico?

A consulta ao psiquiatra é fundamental no tratamento da ansiedade, pois sem esse acompanhamento médico não tem como ser diagnosticada. Para tanto, outros transtornos, como síndrome do pânico e fobia social, por exemplo, precisam ser descartados. O quadro, que implica a apresentação de motivos injustificáveis ou desproporcionais ao nível de preocupação observada, também necessita de um tempo de duração superior a seis meses ininterruptos para ser diferenciado da ansiedade considerada normal. Somente o médico especializado está apto a fazer essa avaliação.

O psicoterapeuta, por sua vez, também é importante para determinar como o paciente funciona diante dos problemas e das cobranças, além de ajudá-lo a aprender como lidar melhor com seu desconforto.

Qual é o principal alerta para perceber que uma pessoa sofre de síndrome do pânico?

Na verdade, como o próprio nome da doença diz, trata-se de uma síndrome, que nada mais é do que um conjunto de fatores associados. O sintoma básico é um medo aterrorizante, infundado e incontrolável, podendo ocasionar palpitações no coração, dificuldade para respirar, suor ou tremedeira, formigamentos pelo corpo, sintomas de labirintite (como tontura ou pressão nos ouvidos), náusea, diarreia, mal-estar geral, entre outras reações bastante incômodas.

Alguns portadores de pânico, apesar do sofrimento, continuam trabalhando, enquanto outros não conseguem nem mesmo sair de casa e ficam confinados. Essas diferenças indicam que existem distinções no nível da crise experimentada, podendo variar de leve a muito grave. De qualquer forma, a tendência da síndrome do pânico é sempre se agravar, sendo importante a consulta ao especialista logo ao ser detectado o primeiro comportamento suspeito.

Síndrome do pânico tem cura?

Sim e não, pois essa doença, mesmo quando curada, pode apresentar recidivas. Aproveito para pedir que as pessoas parem de fugir do tratamento médico. Tenho observado que a maioria dos portadores da síndrome do pânico, antes de procurar um médico especializado, prefere tentar tratamentos alternativos, como homeopatia, florais, ioga, acupuntura, cromoterapia e até centros espíritas – sem conseguir solução.

Infelizmente, ainda existe muita desinformação quanto ao trabalho do psiquiatra e sobre o que esse profissional pode fazer para ajudar pessoas com problemas como a síndrome do pânico, cada vez mais recorrente. Muitos evitam ir ao consultório por achar que assinarão o atestado de loucura. De fato, os especialistas no ramo da psiquiatria cuidam de pacientes com distúrbios mentais graves, como esquizofrenia, por exemplo, mas também estão aptos, e com grande competência, a tratar de pacientes perfeitamente normais com distúrbios em seu sistema nervoso. No caso do portador de síndrome do pânico, a ida ao psiquiatra pode revelar-se ainda mais difícil, porque, não raro, seu sofrimento é visto pelos próprios familiares como "frescura", "chilique" ou "desculpa para fazer corpo mole" e não ir trabalhar ou estudar.

Outra observação importante: a síndrome do pânico não é um problema meramente psicológico; portanto, a crise não desaparece apenas com psicoterapia. Assim, há necessidade da consulta ao psiquiatra, que realizará um tratamento focado, com princípio, meio e fim, indicando remédios com atuação direta no sistema nervoso central para ajustar os neurotransmissores e fazer com que as crises desapareçam.

Sem exageros, posso afirmar que o prognóstico é excelente, pois a síndrome do pânico quando bem-avaliada e tratada oferece boa qualidade de vida e menos episódios de recidivas.

MITOS E VERDADES

Ao contrário do que muitas pessoas imaginam, o indivíduo que sofre de pânico não tem personalidade fraca nem é menos corajoso que os demais. Também não se trata de "frescura" nem de "falta de Deus no coração", como costumamos ouvir. É um problema sério, que precisa de tratamento especializado e relativamente prolongado; por isso, o apoio de familiares e amigos próximos é fundamental.

Como a família deve agir em caso de parente com esquizofrenia?

Esquizofrenia é um transtorno mental grave que se caracteriza pela perda da capacidade de integrar emoções e pensamentos, gerando sintomas psicóticos, como delírios, alucinações e comportamentos inadequados ao convívio social. Tiques motores e outros trejeitos, ou movimentos descoordenados, são sinais neurológicos que também podem estar presentes em alguns casos de esquizofrenia.

Além do tratamento tradicional, que envolve medicamentos e acompanhamento psiquiátrico, a conscientização da família é de grande importância, não apenas para a ajuda direta ao indivíduo, como também para a compreensão e o manejo dos conflitos gerados no dia a dia. A esquizofrenia

---

VOCÊ SABIA?

Segundo a Organização Mundial de Saúde (OMS), a esquizofrenia acomete 1% da população em idade jovem – homens entre 15 e 25 anos e mulheres de 25 a 35 anos – e está entre as principais causas de perda de qualidade de vida de pessoas nessa faixa etária.

---

provoca reações emocionais nas pessoas que vivem à volta do paciente, incluindo a negação da doença e até mesmo a revolta, o que pode comprometer o tratamento e prejudicar a estabilidade de quem já se encontra em atendimento.

Por isso, procurar informar-se é fundamental, assim como buscar apoio terapêutico, evitando dificuldades de relacionamento que possam abrir caminho para recaídas. Incentivar o indivíduo a voltar a trabalhar ou estudar, além de realizar atividades que estimulem seus potenciais e o encorajem a vencer obstáculos, também é papel da família.

VOCÊ SABIA?

Esquizofrenia não tem cura, mas os doentes que recebem tratamento médico adequado, suporte psicológico e apoio familiar podem conviver com a doença de forma digna e com qualidade de vida. Crenças ou julgamentos que estigmatizam o portador de esquizofrenia são fruto do desconhecimento e do preconceito.

Existe prevenção para mal de Alzheimer?

Mal de Alzheimer é uma doença degenerativa do cérebro, progressiva e incurável, mas existem hábitos saudáveis que podem retardar seu aparecimento, como realizar atividades intelectuais que estimulem o cérebro, especialmente jogos no estilo palavras cruzadas; manter uma alimentação rica em frutas, as quais possuem importante ação antioxidante; praticar exercícios físicos regulamente e não fumar.

Com início mais provável após os 60 anos, o Alzheimer está diretamente relacionado ao processo de envelhecimento e, normalmente, provoca desconforto e até

VOCÊ SABIA?

O mal de Alzheimer atinge, entre outras partes do cérebro, aquela responsável pelo armazenamento de novas memórias, enquanto as já gravadas permanecem intactas. Por isso, geralmente a pessoa doente consegue recordar-se de situações vividas décadas atrás, mas não sabe informar o que jantou na noite anterior.

---

desespero entre familiares em razão das alterações de comportamento apresentadas por quem sofre da doença, como incapacidade de reconhecer entes queridos, agressividade, alterações de personalidade, distúrbios de conduta e incapacidade de realizar tarefas corriqueiras. Embora não seja hereditária, segundo os especialistas, é uma doença geneticamente determinada, ou seja, inata do metabolismo e cujo diagnóstico não é feito por meio de exame específico, mas pela análise do histórico do indivíduo e a exclusão de doenças com quadros típicos de demência.

Quanto ao tratamento, são trabalhadas duas frentes: a medicamentosa ou farmacológica, com uso de medicação que ajuda a controlar os desequilíbrios químicos no cérebro; e a comportamental, na qual se conta com a orientação de diferentes profissionais de saúde. De forma geral, estima-se que o portador do mal de Alzheimer tenha um período de vida relativamente longo (cerca de uma década) até que a doença evolua para a fase avançada e ocorra a perda total de autonomia.

GUIA DAS DOENÇAS MAIS COMUNS

Como diferenciar dor de cabeça comum de enxaqueca?

A dor de cabeça decorrente de enxaqueca é geralmente intensa e atinge as têmporas, ou a região atrás dos olhos ou orelhas, embora qualquer parte da cabeça possa ser afetada. Além da dor, também podem ocorrer sintomas como náusea, vômito e hipersensibilidade a luz e sons. Algumas pessoas também podem ver manchas, luzes piscando, ou experimentar perda temporária da visão.

Embora não sejam conhecidas as causas da enxaqueca, existem alguns fatores desencadeadores já identificados, como hábitos de alimentação e sono, alterações hormonais e até mudanças no clima.

VOCÊ SABIA?

A enxaqueca atinge com mais frequência pessoas entre 15 e 55 anos, geralmente com histórico familiar da doença, e tende a ficar menos severa com o envelhecimento.

Na maioria das vezes, a enxaqueca não representa ameaça à saúde geral da pessoa, mas pode provocar sérios prejuízos às atividades cotidianas. Por isso, é importante evitar os eventos causadores e buscar ajuda de um especialista.

VOCÊ SABIA?

As duas formas mais frequentes da doença são enxaqueca com aura e enxaqueca sem aura. No primeiro tipo, os sintomas sensoriais, chamados de aura, como visão de luzes piscando, formigamento na face ou mãos e mudança nos sentidos de odor, paladar ou tato, manifestam-se de 10 a 30 minutos antes da dor de cabeça propriamente dita. Já na enxaqueca sem aura, os sintomas sensoriais prévios não ocorrem, mas o incômodo é o mesmo.

Quando se tem dor de cabeça, é preciso procurar um médico?

Em geral, a dor de cabeça súbita é motivada por circunstâncias específicas e tende a desaparecer à medida que os agentes desencadeadores deixam de existir, não sendo necessária a consulta ao especialista. No entanto, em casos mais sérios, com ocorrências frequentes de dor, a ponto de atrapalhar a vida em casa, no trabalho ou na escola, ou quando essa dor vem acompanhada de sintomas como náuseas, vômitos e rigidez no pescoço, é importante procurar ajuda médica.

Especificamente em relação à enxaqueca, o tratamento pode ser feito com o intuito de interrompê-la, quando já em progresso, ou mesmo preveni-la. No primeiro caso, alguns

VOCÊ SABIA?

Cerca de 75% das pessoas com enxaqueca são mulheres, na faixa dos 20 aos 45 anos, que têm seu dia a dia fortemente abalado por conta da doença. Geralmente, esse tipo de dor de cabeça vem acompanhada de sintomas como náuseas e vômitos.

analgésicos e anti-inflamatórios costumam ter efeito satisfatório, especialmente quando se trata de sintomas moderados. Já para a prevenção de ataques de enxaqueca, os remédios indicados são antidepressivos, anticonvulsivantes, betabloqueadores e bloqueadores dos canais de cálcio, os mesmos indicados no tratamento de hipertensão arterial. Isso porque se acredita que a enxaqueca, mediada por algumas substâncias químicas, como a prostaglandina, altere o diâmetro dos vasos sanguíneos cerebrais, sendo essa modificação a causa principal das dores. Os medicamentos citados, por sua vez, influenciam na produção da mesma substância, alterando o tônus dos vasos e controlando, assim, os sintomas da doença.

Quais os riscos do estresse para a saúde?

Antes de mais nada, é importante ter em mente que estresse não é necessariamente algo prejudicial. Por exemplo, quando estamos numa situação de perigo, ocorre uma descarga de adrenalina, ficamos mais alertas e nossos reflexos mais preparados para defesa e autopreservação, o que é uma resposta fisiológica normal do organismo para resguardar a própria vida.

No caso da pergunta em si, evidentemente ela se refere ao estresse crônico mal administrado e enfrentado no dia a dia por todas as pessoas, seja em casa, seja no ambiente de trabalho, que muitas vezes não pode ser evitado e se revela nocivo à saúde, com reações como dor de cabeça, alterações de pressão arterial, risco aumentado de acidente vascular cerebral, desordens do sono, agravamento da tensão pré-menstrual, dificuldade de concentração, temperamento explosivo, distúrbios gastrointestinais, perda ou ganho excessivos de peso, lesões de pele (acne), entre outros.

Com a vida cada vez mais agitada nas grandes cidades, seria até irônico recomendar que as pessoas mantenham a calma o tempo todo. Por outro lado, se enfrentar desafios ou contrariedades é algo que não podemos evitar, certamente temos o dever, em nome da saúde, de encontrar formas de aliviar o estresse e, sobretudo, saber conviver com ele.

Algumas dicas simples, que posso dar e surtem efeito, são:

- Buscar apoio para relaxar em atividades como ioga, massagem, meditação, etc.
- Reservar pelo menos 30 minutos diários para você mesmo, nem que seja para ficar imerso numa banheira de espuma, ouvindo a música de sua preferência.
- Dormir à noite pelo menos sete horas sem interrupção.

VOCÊ SABIA?

Rir de si mesmo, mesmo nas situações mais difíceis, é uma ótima terapia contra o estresse. Existem estudos que comprovam a eficácia do riso não apenas do ponto de vista emocional, mas na redução dos níveis da adrenalina, o hormônio responsável por desencadear o estresse.

- Alimentar-se corretamente (a vovó já dizia que a hora de comer é sagrada, mas nós teimamos em esquecer disso).
- Praticar atividade física regularmente, pois isso ajuda o corpo a fabricar endorfina e melhora o humor.
- Reservar algum tempo para conversar com os amigos.
- Procurar consultar-se com terapeuta se perceber que não consegue dar conta de um problema sozinho.
- Ter um hobby que ajude a "desligar" da rotina de cobranças e obrigações indesejáveis.
- Planejar o próprio tempo, reservando sempre algum espaço para o lazer.

Quais os sinais da dengue que podem ajudar a diferenciá-la de um simples resfriado?

A dengue é uma doença infecciosa, provocada por vírus e transmitida ao ser humano pelo mosquito Aedes aegypti. Trata-se de enfermidade que pode ser grave e mortal; portanto, é necessário o exame clínico completo, com isolamento do vírus, e até mesmo análise do histórico de viagens para lugares com registro de dengue endêmica.

De forma geral, pacientes com dengue clássica apresentam quadro de febre repentina, forte dor de cabeça e também atrás dos olhos, dores nos músculos è nas juntas, vômitos, além de manchas e erupções na pele.

Há ainda a manifestação mais grave da doença, denominada dengue hemorrágica (DH), em que ocorre sangramento gengival, nasal, gastrointestinal e até na urina. A perda de sangue varia de leve a intensa, podendo, nos casos mais drásticos, levar à insuficiência circulatória – também conhecida como síndrome do choque da dengue – e caracterizada por taquicardia, pulso fraco e hipotensão, com considerável risco de morte.

Vale lembrar que pacientes com pressão arterial estável, sem manifestações hemorrágicas e aptos a serem hidratados por via oral, podem sem tratados em casa, não havendo necessidade de internação hospitalar. Outra informação importante: não existe vacina ou medicamento contra a dengue e, por isso, o combate à reprodução do mosquito transmissor, por meio da limpeza ou extinção dos locais onde costuma alojar-se, funciona como a melhor forma de evitar a doença.

VOCÊ SABIA?

O mosquito transmissor da dengue não poderia ter recebido nome mais apropriado: *Aedes* vem do grego e significa "indesejado".

CIDADANIA SAUDÁVEL

As principais medidas para evitar a dengue são:

- Não deixar água, mesmo limpa, parada em garrafas, pneus, pratos de vasos de plantas e xaxim, bacias e copinhos de plástico. Uma vez utilizados, jogar no lixo o que for descartável.
- Guardar garrafas vazias de cabeça para baixo.
- Manter fechados ralos, poços, caixas d'água, cisternas e demais depósitos de água.
- Limpar pratos de plantas e xaxins com pano ou bucha, pois isso elimina os ovos dos mosquitos. Se possível, trocar a água por areia molhada.
- Não descuidar da limpeza de calhas e lajes das casas.
- Lavar bebedouros de aves e animais, com escova ou bucha, e trocar a água pelo menos uma vez por semana.
- Furar as folhas das bromélias para não acumular água.

Por que, hoje em dia, tudo é diagnosticado como virose?

Pode parecer simplificação de diagnóstico, mas não é. O termo virose existe realmente e indica infecção causada por vírus, a qual pode dar origem a uma doença branda e passageira, como um simples resfriado ou, infelizmente, evoluir para casos mais graves, que, sem a devida atenção e tratamento rápido e eficiente, podem resultar em morte.

No caso de sintomas agudos, como mal-estar, dores no corpo, acompanhados ou não de vômitos, diarreia e febre, as recomendações mais adequadas são, de fato, repouso, cuidado com a alimentação e ingestão de muito líquido, porque, num primeiro momento, é preciso acompanhar a

VOCÊ SABIA?

Os sintomas iniciais das infecções provocadas por vírus e bactérias são muito semelhantes, como mal-estar generalizado, dores no corpo e febre. Por essa razão, o tempo de observação é fundamental na elaboração de um diagnóstico preciso.

evolução do quadro antes de entrar com medicações mais específicas, como antibióticos, por exemplo.

Além disso, sabe-se que, na maioria dos casos, as viroses têm prognóstico favorável e, num período de até cinco dias, os sinais e sintomas de infecção podem desaparecer. Por outro lado, como o organismo fica debilitado, bactérias e fungos oportunistas podem se aproveitar da ocasião e causar problemas mais graves, como uma infecção pulmonar durante os casos de gripe. Por isso, é necessário ficar atento ao quadro evolutivo da doença e procurar seu médico se houver piora ou evolução arrastada da doença.

Crianças e idosos, por serem mais vulneráveis, necessitam de atenção redobrada e, se não apresentarem melhora num curto espaço de tempo, devem voltar ao médico para uma reavaliação.

Uma rinite malcuidada pode virar sinusite?

Sim, mas antes é preciso entender a diferença entre uma e outra doença. A rinite é uma inflamação das mucosas nasais, caracterizada por sintomas como nariz entupido, coriza, espirros e coceira, não apenas nos olhos, mas também nas orelhas. A maioria dos casos é de origem alérgica (cerca de 70%), podendo ser desencadeada por pó, cigarro, perfumes e ar condicionado. Por isso, o tratamento implica afastamento do agente causador e ingestão de antialérgicos.

Já a sinusite é uma infecção nas cavidades ao redor do nariz, os chamados seios nasais, provocada por vírus

---

VOCÊ SABIA?

Sintomas como nariz entupido e espirros, na verdade, constituem reação do organismo contra agentes irritantes e infecciosos que estão no ar e entram pelas vias nasais. Por essa razão, o tempo seco aumenta o perigo de contrair doenças, pois dificulta a formação do muco que barra a entrada de vírus e bactérias.

---

e bactérias, resultando em obstrução nasal, secreção que pode mudar de cor, espirros, muita pressão na face, dor de cabeça, cansaço e febre. O combate da doença é feito por meio de antibióticos, anti-inflamatórios à base de cortisona e inalação, cuja prescrição compete unicamente ao médico especialista.

Agora, respondendo diretamente à pergunta, é importante salientar que cerca de 80% dos casos resultam de quadros de gripe que não receberam acompanhamento adequado, mas, de qualquer forma, uma rinite mal curada torna a região nasal mais fragilizada e propensa à entrada de agentes infecciosos causadores da sinusite.

O que causa a bronquite?

Em primeiro lugar, vale reforçar que palavras terminadas em "ite" indicam algum tipo de estado inflamatório. Assim, bronquite é uma inflamação dos brônquios, especificamente da mucosa que reveste brônquios e bronquíolos; portanto, quem tem bronquite, convive com a dificuldade de respirar. Os principais sintomas são respiração difícil, tosse persistente, dor no peito, expectoração e sensação de angústia por falta de ar, entre outros.

Em geral, indivíduos portadores de bronquite são alérgicos a pó, ácaros e, muitas vezes, têm na família membros com a mesma predisposição alérgica. Outras vezes, a bronquite é causada pela poluição ambiente e por contato com substâncias encontradas nas fábricas e no trabalho do dia a dia, como o benzeno. Atualmente, a exposição à nicotina em fumantes é a principal causa de bronquite. Não podemos esquecer que os casos crônicos podem levar ao enfisema pulmonar ou ao que denominamos doença pulmonar obstrutiva crônica (DPOC).

Quem tem bronquite pode fazer atividade física?

Sim, pode e deve. Os hábitos de vida saudável e os exercícios físicos são fortes aliados no combate das crises de bronquite e recidivas, motivo pelo qual funcionam como verdadeiros remédios. Eles aumentam a ventilação nos alvéolos, o que favorece a passagem de ar e o funcionamento adequado do aparelho respiratório.

Há relatos de cura da doença na fase de crescimento e adolescência, principalmente em nadadores que, desde a infância, utilizaram o esporte para melhorar a função pulmonar. Mas uma avaliação clínica é fundamental, pois pode haver piora da bronquite em caso de atividade física exagerada ou mesmo durante as crises.

VOCÊ SABIA?

A bronquite nunca impediu que atletas obtivessem êxito em suas carreiras, como é o caso do judoca Aurélio Miguel, do corredor Joaquim Cruz e do ginasta Diego Hypólito. No caso das pessoas comuns, manter hábitos saudáveis é o segredo para viver como se não tivesse a doença.

Quais são os principais sintomas da pneumonia?

Pneumonia é uma inflamação ou infecção dos pulmões motivada por múltiplas causas, incluindo bactérias (cerca de 50% dos casos), vírus e outros agentes infecciosos, como fungos. Para cada tipo de pneumonia, existe um medicamento mais eficaz, sendo muito importante a consulta ao médico especialista para ter o diagnóstico e a indicação do tratamento adequado.

Os sintomas característicos são dor no peito ao respirar, tosse com catarro escuro ou esverdeado e febre alta. Em muitos casos, a doença manifesta-se após um simples resfriado ou gripe, levando o paciente a acreditar que se trata de uma recaída e, por essa razão, demora a procurar

VOCÊ SABIA?

No Brasil, a pneumonia é a doença respiratória que mais mata e, se não levarmos em conta agentes agressores externos, é a quarta causa de mortalidade em adultos.

o médico. Isso é muito perigoso, pois a pneumonia é uma infecção e, como tal, pode espalhar-se pelo corpo e provocar a morte. Assim, é fundamental conhecer os sintomas e tratá-los o quanto antes para diminuir o risco de complicações e aumentar a possibilidade de cura.

Vale lembrar que a vacinação contra o vírus da gripe e o pneumococo (bactéria responsável por grande parte dos casos de pneumonia) é fundamental para a prevenção de complicações como a pneumonia.

VOCÊ SABIA?

Em 1976, em uma convenção da Legião Americana, uma associação de veteranos de guerra, também conhecidos como Legionários, realizada num hotel na Filadélfia, Estados Unidos, uma forma grave e rara de pneumonia atacou várias pessoas que participaram do evento. Quando identificado, o agente causador foi chamado de *legionella*.

A pneumonia é contagiosa?

Como já expliquei na pergunta anterior, existem vários tipos de pneumonia. As patologias causadas por bactérias dificilmente podem ser passadas de uma pessoa para outra; já aquelas provocadas por vírus ou microbactérias, como a tuberculose, tendem a ser contraídas por membros de uma mesma família ou que convivem num mesmo ambiente.

FIQUE ATENTO

Existe uma vacina disponível contra pneumonia, especificamente aquela causada pelo pneumococo, bactéria responsável por grande parte dos casos de pneumonia, cujo efeito protetor pode durar até seis anos. Pessoas com doenças crônicas do pulmão e dos rins, com problemas cardíacos, os portadores de anemia falciforme e diabetes, aqueles que tiveram o baço removido, além de idosos com mais de 65 anos, especialmente os residentes em asilos ou casas de repouso, fazem parte do grupo de risco que devem ser orientados a receber essa vacina.

É importante ressaltar que a gravidade da pneumonia depende, em primeiro lugar, das características da própria doença – existem casos mais graves do que outros – e, em segundo lugar, do estado geral de saúde do paciente. Ou seja, pessoas mais saudáveis conseguem livrar-se da doença sem maiores complicações. Por outro lado, portadores de doenças crônicas, como diabetes, insuficiência cardíaca, insuficiência renal e insuficiência hepática, por apresentarem baixa imunidade, ficam mais vulneráveis a desenvolver pneumonia.

De forma geral, pode-se dizer que a cura da doença é diretamente favorecida por fatores como idade do indivíduo (quanto mais jovem, melhor é o prognóstico), rapidez no diagnóstico, imunidade eficiente e ausência de doenças secundárias, entre outros.

Quais os cuidados gerais que a pessoa asmática deve tomar no dia a dia?

Mais comum em crianças do que em adultos, a asma é uma doença perigosa, pois tende a se agravar caso não seja tratada com medicamentos apropriados. Sua principal característica é provocar o fechamento dos brônquios e bronquíolos de ambos os pulmões, ocasionando dificuldade respiratória, que se manifesta por meio de chiadeira no peito, tosse e diminuição da expansão pulmonar.

Como se trata de doença de causa alérgica, além dos hábitos de vida saudáveis, é muito importante evitar ficar exposto a fatores alergênios, como poeira, alguns tipos de perfume, fumaça de cigarro, etc. Na verdade, as vias

VOCÊ SABIA?

Pessoas que apresentaram quadro de asma na infância conseguiram livrar-se dos sintomas após crescerem, enquanto outras voltaram a tê-los numa idade mais avançada. Dificilmente, porém, a ocorrência da doença se dá pela primeira vez na vida adulta.

aéreas dos pulmões de quem sofre de asma sempre estão um pouco mais inflamadas que o normal e, ao entrar em contato com um desses fatores, a produção de muco aumenta, dificultando a respiração e sobrecarregando o trabalho dos músculos respiratórios, que podem até entrar em estafa se a crise não for tratada adequadamente.

Além do uso de medicação específica, é importante procurar manter o ambiente livre de elementos que possam agravar os sintomas da asma por meio de medidas de higiene, como:

- Lavar peças de vestuário guardadas e secá-las ao sol antes de usá-las, pois costumam ter ácaros.

FIQUE ATENTO

É muito importante aprender a usar corretamente as famosas "bombinhas" de uso oral, por meio das quais o medicamento para asma é absorvido. Para saber quando o refil está vazio, basta colocá-lo numa tigela de água e observar: se afundar, ainda está cheio; caso flutue, deve ser recarregado.

- Redobrar os cuidados com roupa de cama: trocá-las toda semana e lavá-las em água quente.
- Providenciar coberturas de plástico, com zíperes, para os colchões e travesseiros, que devem ser lavados a seco uma vez por semana.
- Aspirar o pó diariamente e manter os cômodos sempre arejados.
- Usar sempre pano úmido em vez de varrer o chão, pois isso levanta poeira.
- Limpar aparelhos, como o vaporizador, sempre que utilizá-los.
- Evitar contato com fumaça de cigarro e substâncias de odor forte, incluindo perfumes.
- Manter-se longe do mofo de qualquer espécie.

Quais os principais riscos que envolvem a tireoide?

De origem grega e com o sugestivo significado "em forma de escudo" (embora médicos também se refiram ao formato de borboleta), a tireoide fica na região do pescoço, logo abaixo do pomo de adão, e mede cerca de cinco centímetros de diâmetro. Sua função é controlar o metabolismo, ou seja, ela produz hormônios, denominados T3 e T4, que orientam as células dos nossos órgãos sobre como elas devem trabalhar, incluindo o gasto de energia. Mas a tireoide não possui essa imensa responsabilidade sozinha e atua em parceria com outra glândula, chamada hipófise, localizada no cérebro e responsável pela produção de TSH, hormônio que estimula o funcionamento da tireoide para fabricar seus hormônios.

Como dá para perceber, trata-se de um componente crucial do nosso organismo, o qual, infelizmente, está sujeito a complicações que provocam sintomas muito desagradáveis, que vão desde ganho de peso, arritmia cardíaca e intestino desregulado, passando por queda de cabelo e pele ressecada, até depressão. Entre as principais doenças da tireóide, estão o hipotireoidismo, quando a glândula passa a produzir quantidades de hormônios insuficientes, ou quando o próprio organismo produz anticorpos contra a própria glândula, a chamada tireoidite de

Hashimoto, causando lentidão mental e física e ganho de peso; o hipertireodismo, que se caracteriza pelo processo inverso, ou seja, produção hormonal exagerada, cujos principais sintomas são o aumento da frequência cardíaca, perda de peso, bócio (aumento anormal de tamanho na região anterior do pescoço) e queda de cabelos, além da presença de nódulos, que dificultam a respiração e a deglutição, tornando a voz rouca. Vale lembrar que a detecção de nódulos malignos (câncer) em geral leva à remoção da glândula e ao tratamento baseado em repo-

VOCÊ SABIA?

As disfunções da tireoide são cerca de cinco vezes mais comuns nas mulheres do que nos homens, em razão das constantes alterações hormonais a que estão sujeitas. Segundo estatísticas, uma em cada cinco pacientes que procuram o ginecologista para fazer terapia de reposição hormonal, na verdade, apresenta problemas tireoidianos.

sição hormonal que se estende por toda a vida. Para o hipertireoidismo, costuma-se empregar medicamento que antagonize os efeitos dos hormônios produzidos. Se essa medida não surtir efeito, pode-se optar, então, por remoção parcial da glândula e emprego do iodo radioativo; já no hipotireoidismo, a reposição do hormônio por meio de comprimidos é a medida mais eficaz.

Por fim, vale lembrar que é muito importante ficar atento aos sinais apresentados pelas doenças da tireoide e procurar o endocrinologista o quanto antes, garantindo diagnóstico e tratamento adequados.

Qual a melhor forma de tratar herpes labial?

Herpes labial é uma infecção causada pelo vírus HSV-1 (*herpes simplex*), cujos sintomas são o aparecimento de coceira, ardência e formação de bolhas e lesões nos lábios, com duração que varia de cinco a dez dias. A contaminação geralmente ocorre na infância e pode haver várias recidivas ao longo da vida, motivadas por fatores como exposição demasiada à luz solar, fadiga física e mental, estresse emocional, febre e outras infecções que diminuem a imunidade do organismo.

Trata-se de problema muito mais comum do que se imagina, o qual afeta uma em cada três pessoas nos Esta-

---

VOCÊ SABIA?

Uma vez infectado, o organismo nunca será capaz de eliminar completamente o vírus da herpes, porém sua ocorrência tende a diminuir de freqüência e intensidade com o tempo. Algumas pessoas estão mais propensas a apresentar os sintomas, enquanto outras se mantêm imunes, mesmo em contato com o vírus.

---

dos Unidos, por exemplo. Vale lembrar que existe também o herpes genital, cujo vírus causador é chamado HSV-2.

Quanto ao tratamento, deve ser iniciado tão logo comecem os primeiros sintomas, podendo ser indicados medicamentos de uso tópico (local), como cremes e soluções, ou via oral, na forma de comprimidos. Durante a manifestação da doença, é muito importante tomar alguns cuidados, como lavar as mãos após manipular as feridas, a fim de não contaminar as mucosas oculares, bucal e genital, além de evitar beijar ou falar muito próximo de outras pessoas. Já a restrição a relações sexuais aplica-se apenas aos casos de herpes genital.

É possível tratar a conjuntivite sem ir ao médico?

A conjuntivite é uma inflamação da conjuntiva, nome que se dá à membrana existente em volta do "branco" dos olhos, caracterizando-se por alterações na córnea e nas pálpebras, como vermelhidão, secreção, lacrimejamento, inchaço (palpebral) e sensação de presença de "corpo estranho" na região.

Na maioria dos casos, os sintomas desaparecem em cerca de 10 dias, sem necessidade de medicação. Caso o paciente esteja muito incomodado, podem ser utilizados

---

VOCÊ SABIA?

Alguns colírios podem provocar sérias complicações e agravar o quadro de conjuntivite; por isso, antes de fazer uso de qualquer produto ou medicamento, é fundamental a consulta ao oftalmologista. Uma dica que ajuda a aliviar os sintomas sem maiores riscos é lavar os olhos e fazer compressas com água gelada, que deve ser filtrada e fervida, ou com soro fisiológico.

---

remédios, como pomadas ou colírios, para aliviar o desconforto e acelerar a cura, mas sempre com orientação médica.

Vale lembrar que existem vários tipos de conjuntivite, incluindo aquelas provocadas por bactérias, reação alérgica ou irritação química, porém as mais comuns são as virais, que se revelam extremamente contagiosas e acometem grande número de pessoas. Como a contaminação via de regra ocorre pelo contato físico dos olhos com mãos, objetos, piscinas ou toalhas contaminadas, é importante evitar nadar em piscinas públicas, compartilhar toalhas com terceiros e aproximar-se de pessoas infectadas.

Infarto e ataque cardíaco são a mesma coisa?

Sim, o que as pessoas chamam de ataque cardíaco é chamado pelos médicos de Infarto Agudo do Miocárdio, doença isquêmica do coração, caracterizada pela obstrução das artérias coronárias, vasos que nutrem e levam oxigênio ao músculo cardíaco. Às vezes o ataque cardíaco pode ser ocasionado quando subitamente o coração bate no rítmo mais acelerado, é o que chamamos de taquiarritmia, mas geralmente a causa dessa arritmia também é a obstrução dos vasos coronarianos.

O Infarto Agudo do Miocárdio ocorre quando o suprimento de sangue para uma parte do músculo cardíaco é reduzido ou cortado totalmente. Isso ocorre se uma artéria

FIQUE ATENTO

Nos homens, o sintoma mais comum de infarto é a dor precordial, caracterizada por aperto bem na boca do estômago e entre os mamilos, enquanto nas mulheres é frequente a sensação de cansaço extremo, além de náuseas e vômitos.

coronária está contraída ou obstruída, parcial ou completamente. Vale lembrar que 50% dos pacientes que morrem durante um ataque cardíaco não chegam a receber assistência médica; por isso, é tão importante a prestação de socorro nos primeiros minutos do infarto.

Outro problema em relação ao atendimento é que existem infartos silenciosos, revelados por exames específicos como eletrocardiograma ou ecocardiograma. Daí a importância de procurar o cardiologista periodicamente para consultas de rotina, especialmente indivíduos incluídos no chamado grupo de risco, ou seja, aqueles com parentes de primeiro grau vítimas de infarto, AVC, diabetes e hipertensão arterial.

VOCÊ SABIA?

Enquanto a pessoa em processo de infarto sente dor, significa que o tecido cardíaco ainda está "vivo" e pode ser reativado com tratamentos adequados, desde que o atendimento seja feito o quanto antes.

O que fazer em caso de ataque cardíaco?

Como já explicado anteriormente, o Ataque Cardíaco é causado por obstrução de artéria (trombose e gordura) e também por estreitamento em razão do espasmo do vaso sanguíneo. As estatísticas indicam que esse problema, antes associado apenas a idosos, tem atingido pessoas cada vez mais jovens, não raro abaixo dos 40 anos, o que tem chamado atenção da comunidade científica internacional.

Para atuar de forma correta numa situação de Ataque Cardíaco, antes de mais nada é preciso saber identificá-lo, estando entre os principais sintomas dores súbitas e intensas, principalmente aperto, entre os mamilos e na boca do estômago, que podem irradiar para o braço esquerdo e a mandíbula. Também pode refletir nas costas, levando a vítima de infarto a pensar que está tendo uma crise de coluna. Outros indícios são suor frio e tontura; falta de ar; pulsação fraca ou irregular; desmaio e mal-estar generalizado, como cansaço excessivo e dificuldade na digestão.

Sempre que houver suspeita de ataque cardíaco, a recomendação é telefonar para 192, número do SAMU, o Serviço de Atendimento Médico de Urgência, passar a informação do que está ocorrendo e prestar atenção às sugestões dadas pela equipe de médicos e paramédicos. Se a vítima desmaiar, porém com a manutenção da respiração normal, deve ser colocada na posição lateral. Já no caso de parada respiratória, a indicação é iniciar manobras de reanimação, como a massagem cardíaca. Como dito acima, às vezes a causa do ataque cardíaco pode ser ocasionado por arritmia e nesse caso teremos que fazer uso do desfibrilador elétrico automático, aparelho inteligente que descarrega uma carga elétrica no peito da vítima na tenta-

DICAS

Proteja o coração do risco de ataque cardíaco:

- Não fumar.
- Manter o diabetes sob controle.
- Alimentar-se adequadamente, sem excessos, evitando especialmente alimentos gordurosos e salgados.
- Controlar a pressão sanguínea.
- Praticar exercícios regularmente.

tiva de reverter o ritmo cardíaco ao normal. Este aparelho já está disponível em aviões, academias, aereoportos, e lugares públicos de grande movimento. Todos podem e devem aprender esses procedimentos em cursos administrados pela Sociedade Brasileira de Cardiologia, basta entrar no site *www.cardiol.br* e buscar mais informações.

Não se deve dar nenhum tipo de comida ou bebida ao paciente e, em caso de estar usando roupas justas na região do pescoço, do peito e da cintura, estas devem ser removidas ou desapertadas para facilitar a circulação e a respiração.

Uma pessoa pode estar com hepatite e não saber?

Hepatite é uma doença que atinge as células hepáticas ou hepatócitos (daí esse nome) localizados no maior órgão interno do corpo humano, o fígado. Com isso, suas principais funções, que são metabolizar e acumular nutrientes, bem como neutralizar e eliminar substâncias tóxicas absorvidas pelo corpo, ficam comprometidas. A maioria dos casos permite tratamento e cura, porém trata-se de doença grave que pode levar ao desenvolvimento de cirrose hepática (doença crônica caracterizada por áreas do fígado com cicatrizes e nódulos que prejudicam o funcionamento desse órgão) e câncer de fígado, principalmente as formas B e C da doença.

Entre as diversas causas da hepatite, estão infecção por vírus, uso abusivo de álcool e medicamentos, além de fatores hereditários. A hepatite também pode ser autoimune, ou seja, a inflamação é causada pelo próprio sistema imunológico do paciente. Existem ainda casos mais graves, conhecidos como hepatite fulminante, nos quais o transplante hepático de urgência é necessário para a cura.

No caso da hepatite viral, os tipos mais recorrentes são aquelas provocadas pelos vírus conhecidos como A, B e C. O primeiro deles é transmitido pela ingestão de água e/ou alimentos contaminados, o que é muito comum em regiões desprovidas de condições de higiene e saneamento básico. Os outros dois apresentam modo de transmissão semelhante, especialmente em transfusões sanguíneas, uso compartilhado de seringas e agulhas e relação sexual sem preservativo.

O sintoma mais típico da hepatite é a chamada icterícia (amarelão, "tiriça"), caracterizada por coloração amarelada da pele, dos olhos e das mucosas, o que pode vir acompanhado de urina escura, popularmente descrita como "cor de coca-cola", e fezes descoradas. Já no caso da hepatite C, como não existe uma fase aguda, de fato, o paciente pode ficar muito tempo sem sintomas e só descobrir que é portador do vírus em exames de rotina.

VOCÊ SABIA?

Mais de 50% da população mundial já foi contaminada pelo vírus da hepatite B, havendo 350 milhões de portadores crônicos e 50 milhões de novos casos a cada ano. No Brasil, 15% da população já foi contaminada e 1% é portadora crônica.

Por se tratar de uma das doenças com maior incidência na atualidade, a ponto de cerca de 170 milhões de pessoas no mundo estarem infectadas pelo vírus da hepatite C, sendo 2 milhões delas apenas no Brasil, a prevenção é muito importante e pode ser feita por meio de medidas simples, como:

- Vacinar crianças (tipos A e B).
- Consumir sempre água tratada ou fervida.
- Fazer higienização adequada de legumes, frutas e verduras.
- Lavar bem as mãos após ir ao banheiro.
- Usar preservativo nas relações sexuais.
- Não compartilhar seringas e agulhas.
- Ter acompanhamento pré-natal para evitar transmissão ao recém-nascido (no caso de mulheres grávidas).
- Evitar uso abusivo de álcool, medicamentos e drogas.

Uma pessoa que tem artrite está mais propensa a sofrer de artrose?

Normalmente, as pessoas referem-se à artrite e à artrose como uma mesma doença, associada a pessoas idosas.

Para entender a diferença, podemos recorrer à linguística. O prefixo artro origina-se do grego *arthros* e significa articulação. Uma vez unido ao sufixo ite, que quer dizer inflamação, chega-se ao sentido da palavra artrite. Já o sufixo ose é sinônimo de degeneração.

Artrite, portanto, é uma inflamação nas articulações, que pode ocorrer em qualquer pessoa, incluindo esportistas que realizam esforços intensos ou sofrem algum tipo de trauma. O que poucas pessoas sabem é que a artrite, em vez de doença, pode ser sintoma de outras enfermidades, como as doenças autoimunes: artrite reumatoide, lúpus eritematoso, etc. – por isso, é muito importante procurar um médico especialista para fazer esse diagnóstico da doença que originou a inflamação.

Já a artrose ou degeneração da articulação, que também pode ser chamada de osteoartrose é uma doença que atinge 30% da população adulta acima dos 50 anos e precisa ser tratada o quanto antes, pois provoca incapacidade física, afetando a qualidade de vida. As articulações mais atingidas são as do joelho e do quadril. A prevenção é fundamental e pode ser feita por meio da manutenção do peso corpóreo e de exercícios de resistência, como a musculação, sempre com supervisão de um especialista. Vale lembrar que as cirurgias com colocação de próteses revolucionaram o tratamento da doença e, hoje, é possível viver muito bem, sem sequelas, após realizar essa opção terapêutica.

Como tratar e prevenir a lombalgia?

Lombalgia é o nome que se dá para dores extremamente incômodas que acometem a região lombar da coluna vertebral.

Entre as principais causas da lombalgia estão as deformidades anatômicas, como a hérnia de disco, que podem comprimir as raízes nervosas, causando a tão conhecida lombociatalgia ou dor ciática. Fatores diversos, como problemas crônicos de sono, falta de exercícios físicos, esforços repetitivos, excesso de peso, erros posturais, osteofitose (o popular bico de papagaio) e doenças relacionadas ao envelhecimento, por exemplo a osteoporose, também podem provocar o surgimento dessas dores.

No tratamento da lombalgia, a perda de peso, correções posturais e realização de exercícios para fortalecer

VOCÊ SABIA?
A postura incorreta durante o trabalho é a causa mais frequente de torção e distensão de músculos e ligamentos que causam a lombalgia.

o tônus muscular, como natação, são medidas eficazes para reverter e também prevenir dores lombares. Costumam ser recomendados analgésicos para aliviar a dor crônica, e há indicação cirúrgica apenas nos casos de anormalidades estruturais.

O que pode ajudar a evitar cãibras?

Muito comum na prática de esportes, na realização de algum movimento e até mesmo ao dormir, as cãibras são contrações musculares involuntárias que afetam principalmente os músculos das pernas e dos pés, causando forte sensação de dor e fadiga.

Em geral, estão mais propensos a ter cãibras atletas, consumidores de medicamentos diuréticos (como no caso do tratamento para hipertensão), mulheres nos últimos meses de gestação, pessoas imobilizadas em razão de doenças ou acidentes e quem permanece muito tempo sentado.

Além do esforço físico acentuado, a baixa ingestão de líquidos e a carência de alguns nutrientes, como sódio,

---

VOCÊ SABIA?

A maior parte da energia necessária para a atividade muscular vem da glicose, que é armazenada na forma de glicogênio no fígado e nos músculos. Quando estes queimam o glicogênio para obter energia, no caso das atividades físicas intensas, por exemplo, é produzido o ácido lático, que provoca a cãibra.

---

cálcio, potássio e magnésio, explicam a ocorrência de cãibras. Assim, a melhor forma de evitá-las é manter-se hidratado, ingerindo pelo menos dois litros de água por dia, e incluir na dieta alimentos ricos nos nutrientes citados, como banana, espinafre, rúcula, grãos (feijão, lentilha, grão-de-bico), couve, escarola, agrião, entre outros. Outra sugestão eficaz é alongar os membros superiores e inferiores duas vezes ao dia.

Fibromialgia tem cura?

Para quem não sabe, fibromialgia é um termo usado para indicar um conjunto de dores musculares e sensação de fadiga que atinge diferentes partes do corpo, como pescoço, ombros, costas, braços, quadril e pernas. Em geral, portadores de fibromialgia queixam-se de formigamento ou falta de sensibilidade em mãos e pés, flexibilidade comprometida, dor de cabeça, ciclos menstruais doloridos e até dificuldade para dormir.

Esse tipo de problema tende a ser crônico; portanto, não se pode falar em cura.

Quanto ao tratamento, a medicina dispõe de métodos químicos ou farmacológicos que incluem o emprego de antidepressivos, relaxantes musculares e anti-inflamatórios. Além disso, já existe uma medicação específica para esse mal, denominada pregabalina, comercializada

VOCÊ SABIA?

A fibromialgia atinge mais mulheres do que homens e crianças, e a maioria dos pacientes diagnosticados encontra-se na meia idade.

recentemente no Brasil com resultados animadores. Vale a pena procurar seu médico para obter mais detalhes sobre isso.

Vale também ressaltar que o controle e a superação desse problema dependem fundamentalmente da disposição em mudar o estilo de vida, com inclusão de hábitos como alimentação saudável, atividade física aeróbica – caminhadas, corrida, ciclismo, natação – e anaeróbica (musculação), além de técnicas de alongamento, meditação, ioga, tai chi e acupuntura. Dormir de sete a oito horas por noite e procurar auxílio na psicoterapia também são condutas que funcionam.

Quais os riscos de uma gastrite se transformar em úlcera e câncer de estômago?

Antes de mais nada, é preciso esclarecer que gastrite é uma inflamação da camada de tecido mais superficial que reveste o estômago, chamada de mucosa gástrica. Pode ter diversas causas, incluindo ingestão indiscriminada de bebidas alcoólicas, café, refrigerantes e aspirina, produtos que agridem a integridade do estômago. Atualmente, uma das causas mais frequentes é o estresse do dia a dia, fazendo com que o cérebro, por mecanismo reflexo, aumente a liberação de ácido clorídrico pelas glândulas do

VOCÊ SABE A DIFERENÇA ENTRE GASTRITE E ÚLCERA?

Nos casos de gastrite, a camada de tecido que reveste o estômago, chamada epitélio, apresenta inflamação, porém permanece preservada; já a úlcera implica uma erosão nesse tecido, cuja aparência lembra uma grande afta. A úlcera gástrica é aquela que atinge diretamente o estômago, enquanto a duodenal, como o próprio nome sugere, localiza-se no duodeno (parte inicial do intestino delgado).

estômago, propiciando o aparecimento de erosões, além da presença da bactéria *Helicobacter pylori*, adquirida por contaminação da água usada para lavar verduras, legumes, frutas e hortaliças. Essa bactéria agride a mucosa gástrica e pode provocar não apenas gastrite, mas também quadro de úlcera péptica e, a longo prazo, câncer de estômago.

A gastrite sem tratamento pode levar à formação de erosões e úlceras gástricas hemorrágicas, com eliminação de sangue nas fezes ou nos vômitos. Já a chamada gastrite autoimune, que ocorre quando anticorpos produzidos pela própria pessoa levam à destruição de células da parede do estômago, pode evoluir para o câncer de estômago a longo prazo.

É importante ressaltar que o diagnóstico de gastrite é feito por meio de exame denominado endoscopia digestiva alta, em que o médico visualiza a mucosa gástrica lesada, verifica a presença ou não da bactéria *Helicobacter* e também pode colher fragmentos (biópsia) para posterior indicação do tratamento mais adequado.

Além da consulta ao médico especializado, o que o próprio paciente pode fazer para curar-se da gastrite?

Entender o corpo é fundamental para cuidarmos bem dele. O estômago, por exemplo, nada mais é do que uma espécie de bolsa revestida internamente por uma mucosa semelhante à da boca. Gastrite, por sua vez, é a inflamação dessa mucosa, provocando sintomas como perda de apetite, azia, vômitos e náuseas, dor e queimação no abdômen, fraqueza, etc. Pode ser crônica, como no caso da infecção provocada pela bactéria *Helicobacter pylori*, ou aguda, causada por uso de medicamentos e estresse físico ou psicológico.

Evidentemente, para o tratamento da doença, o acompanhamento médico é imprescindível, tanto para identificação do agente causador como para sua erradicação, mas, do ponto de vista da conduta do paciente, algumas precauções mostram-se eficazes no controle dos sintomas, como evitar ficar com o estômago vazio por mais de três horas, mastigar bem os alimentos, dar preferência à comida caseira em lugar de *fast-foods*, não ingerir bebidas alcoólicas e reduzir o consumo de cigarro, pois a nicotina aumenta a incidência de gastrites e úlceras.

Em relação ao cardápio propriamente dito, deve-se dar preferência a alimentos cozidos e grelhados sem molho, evitando café, chá, bebidas gasosas e à base de cola, alimentos gordurosos (frituras e pratos muito condimentados), frutas ácidas (abacaxi, laranja e maracujá), alimentos muito quentes (sopas e caldos) e muito frios (sorvete), além de molhos vermelhos.

Também é preciso prestar muita atenção à higiene dos alimentos, que podem conter agentes infecciosos.

Quais fatores favorecem o desenvolvimento do câncer?

A palavra câncer, tão popularmente difundida, é usada para designar o crescimento anormal e desordenado das células de determinado órgão, cujas causas são pouco estabelecidas até hoje. Esse tipo de doença pode ser causado por fatores internos, como hormônios, condições imunológicas, mutações genéticas, e por fatores externos, como hábitos alimentares e estilo de vida inadequados, condições ambientais adversas, substâncias químicas nocivas, exposição a radiações e vírus.

Alguns tipos de câncer podem ser desencadeados por agentes específicos, como o cigarro no caso dos tumores de pulmão, boca e laringe. O álcool é fator relevante para desencadear o câncer de boca, esôfago, estômago e fígado. Tomar muito sol, por sua vez, aumenta os riscos de câncer de pele, como o melanoma. Já os cânceres de mama na mulher e de próstata no homem estão relacionados a distúrbios hormonais e a fatores genético-hereditários. A leucemia (câncer das células brancas do sangue) pode ser desencadeada pela exposição a radiações.

É importante ressaltar que câncer não é uma doença contagiosa, contudo existem alguns vírus, chamados de oncogênicos, que são capazes de produzir tumores malignos e podem ser transmitidos por contato sexual, transfusões de sangue e seringas contaminadas utilizadas para injetar drogas. Como exemplo, pode-se citar o vírus da hepatite B e C, causadores do câncer de fígado, e o *Human T-lymphotropic virus type I* ou HTLV-I, responsável pela ocorrência de leucemia e linfoma de célula T em adultos.

Câncer de mama tem cura?

Para se ter ideia da relevância dessa doença no mundo atual, basta saber que, no Brasil, o câncer de mama é o que mais provoca morte de mulheres. Nos Estados Unidos, por sua vez, está em segundo lugar no ranking de agentes causadores da mortalidade feminina e estima-se que, a cada ano, mais 210 mil novos casos serão diagnosticados e cerca de 40 mil mulheres morrerão da doença.

A grande dificuldade em relação aos tumores malignos de mama é justamente a ausência de formas concretas de preveni-lo, e muitos não dão qualquer sinal de alerta. Mas o câncer de mama pode ser detectado precocemente, por meio de autoexame, exame clínico, mamografia e ultrassom das mamas. Se detectado em fase inicial, existe gran-

VOCÊ SABIA?

Segundo alguns oncologistas, os tumores de mama dobram de tamanho a cada cem dias, mas isso não é suficiente para torná-los palpáveis, podendo permanecer ocultos até mesmo ao exame de mamografia.

de possibilidade de cura, com sobrevida de cinco anos em 97% dos casos. Mesmo quando o estágio se encontra avançado, tratamentos cada vez mais modernos com radioterapia e quimioterapia têm permitido que pacientes possam conviver com a doença e ter boa qualidade de vida.

DIAGNÓSTICO PRECOCE

É importante que toda mulher procure familiarizar-se com as características de seus seios para ser capaz de detectar alterações na cor e na textura da pele da mama ou do mamilo, saída de secreções e aparecimento de nódulos.

Após os 20 anos, o autoexame da mama precisa ser feito todo mês e a consulta ao médico realizada, pelo menos, a cada três anos. Depois dos 40, a mulher deve continuar com o autoexame mensal e ser examinada pelo especialista anualmente, período igualmente indicado para fazer o exame de mamografia e ultrassom das mamas. Mas essas recomendações mudam se houver fatores de risco associados.

Quais são os sintomas da infecção urinária?

Como o próprio nome da doença já indica, é uma infecção provocada pela presença de microorganismos (bactérias, vírus ou fungos) em algum dos órgãos integrantes do sistema urinário, como rins (pielonefrite), bexiga (cistite), uretra (uretrite) e próstata (prostatite).

Alguns casos são assintomáticos, mas, em geral, o paciente queixa-se de dor ao urinar; ardência na uretra durante a ida ao banheiro; vontade súbita ou dificuldade para iniciar a micção; necessidade de urinar várias vezes ao dia, sempre em pequenas quantidades; cor alterada, muitas vezes pela presença de sangue; e odor desagradável da urina. Vale lembrar que a ocorrência de náusea e

VOCÊ SABIA?

O ataque de microorganismos ao aparelho urinário é um dos tipos mais comuns de infecção que atinge o ser humano, só perdendo para a gripe viral. Além disso, segundo as estatísticas, esse problema é mais frequente em mulheres e homens da terceira idade.

vômito, acompanhados de febre alta, pode indicar a existência de infecção urinária de maior risco, na qual o rim é afetado.

Ao perceber qualquer um desses sintomas, é recomendável consultar médico especializado para realização de exame clínico e de urina, a fim de detectar a presença de bactérias. Também pode ser solicitada urocultura, procedimento em que amostras da urina são submetidas à cultura para identificação exata do agente causador da infecção. Quando se trata de crianças e de pessoas que apresentam diversas intercorrências da doença, podem ser solicitados exames como ultrassonografia e tomografia com contraste das vias urinárias.

O tratamento, por sua vez, é feito à base de antibióticos orais, nos casos menos complicados, ou intravenosos, quando a infecção bacteriana acomete um ou ambos os rins, e pode durar de três a 14 dias.

É possível prevenir a infecção urinária?

Entre os cuidados que podem ajudar a prevenir a infecção urinária, estão ingestão diária de muito líquido (pelo menos dois litros por dia), uso de preservativo e limpeza da região genital antes e depois das relações sexuais. Não prender a urina por muito tempo, ir ao banheiro logo que sentir vontade também é recomendável – lembre-se: quanto mais tempo a urina permanecer dentro da bexiga, maior poderá ser o nível de contaminação e infecção. Outro dado importante, em termos de prevenção, é não se automedicar com antibióticos, pois a resistência bacteriana existe e é fator de preocupação atual.

Vale lembrar que a infecção urinária é mais comum em mulheres por razões de anatomia, uma vez que a saída da uretra no corpo feminino é bem próxima à entrada da vagina, onde existem diversos microorganismos integrantes da flora vaginal. Além disso, a uretra da mulher é bem menor que a do homem, o que facilita a locomoção das bactérias até a bexiga. Outro fator importante são os hábitos de higiene inadequados, como uso de papel higiênico na direção ânus-vagina, que resulta no transporte de microorganismos intestinais até a vulva.

Por essa razão, algumas atitudes são recomendáveis especificamente para mulheres, como fazer higiene íntima sempre no sentido vagina-ânus, e nunca o contrário; lavar-se com ducha ou chuveiro após evacuar; dar preferência a absorventes externos e a peças íntimas de algodão; usar roupas mais leves, evitando transpirar em excesso nas áreas genitais.

Permanecer muito tempo sentado dá hemorroidas?

Sem dúvida, o sedentarismo diminui o estímulo para a digestão dos alimentos e a irrigação sanguínea do ânus, podendo ser um dos fatores causadores das hemorroidas, que são veias dilatadas ou inflamadas nessa região. Por outro lado, essas veias não apresentam relação direta com as nádegas, ou seja, se a pessoa permanece muito tempo

---

VOCÊ SABIA?

Sinais das hemorroidas:

- Fortes dores na região do reto, mesmo sem ter vontade de ir ao banheiro.
- Desconforto ao evacuar.
- Presença de pingos de sangue "vermelho vivo" no vaso sanitário, nas fezes ou no papel higiênico.
- Secreção e coceira intensas no ânus.
- Aparecimento de tecido estranho na borda do ânus na hora de evacuar, que pode recuar após o esforço.

---

na posição sentada, em razão de trabalho ou estudo, não é isso que provocará sua alteração.

As hemorroidas podem ser externas (semelhantes a varizes e visíveis na borda do ânus) ou internas (localizadas acima do esfincter anal) e provocam grande incômodo aos portadores, como desconforto ao evacuar, dores e sangramento anal. As causas mais conhecidas são prisão de ventre (obstipação) ou evacuação difícil, gravidez, obesidade, predisposição genética, ingestão insuficiente de líquidos e fibras.

Não se trata de um quadro clínico grave, mas, dependendo do estágio, há indicação de cirurgia, cujo procedimento é relativamente simples. A maior dificuldade está relacionada à recuperação do paciente no período pós-operatório, porém, já existem informações sobre novas técnicas utilizadas que aliviam esse sofrimento. A complicação mais frequente das hemorroidas é a trombose do mamilo hemorroidário, determinando a necessidade de internação hospitalar e tratamento clínico-cirúrgico.

A diarreia causa risco de morte?

A diarreia pode ser considerada uma doença comum, na medida em que todas as pessoas, em algum momento da vida, já experimentaram os seus sintomas desagradáveis, como cólicas, número aumentado de evacuações e fezes pastosas, semilíquidas ou líquidas. No entanto, a diarreia também é uma doença muito perigosa, sendo a principal causa de morte infantil nos países subdesenvolvidos, com mais de 3 milhões de óbitos por ano.

A diarreia pode ser aguda ou crônica. O primeiro tipo é causado por bactérias ou vírus adquiridos nos alimentos, bem como por medicamentos. Geralmente, é acompanhada de dor e inchaço abdominal, além de náuseas e vômitos. Na maior parte dos casos, a principal recomendação médica indica ingestão de líquidos para evitar a desidratação, sem necessidade de uso de medicamentos ou antibióticos.

Já a diarreia crônica é aquela que se prolonga para além de quatro semanas, tendo como causas mais frequentes a síndrome do cólon irritável e a diarreia funcional. A primeira é uma disfunção do trato intestinal de causa desconhecida, podendo manifestar-se de duas formas:

- Diarreia, cujo tratamento é feito com alimentos que prendem o intestino, ingestão de alimentos pobres em fibras e medicação específica para diminuir o trânsito intestinal.
- Constipação ou obstipação intestinal, caracterizada por sintomas opostos aos da diarreia. O intestino não funciona apropriadamente, tornando necessária a in-

CUIDADO AO VIAJAR

As viagens geralmente implicam contato com grandes alterações climáticas, alimentares ou sanitárias, tornando frequente a ocorrência de diarreia logo nos primeiros dias em que se chega ao destino desejado. Entre as causas da chamada diarreia dos viajantes, estão diversos agentes infecciosos, com destaque para a bactéria *Eschericia coli*, diagnosticada em 80% dos casos. Por isso, redobrar cuidados com higiene e alimentação é fundamental durante deslocamentos mais expressivos para que a saúde não seja afetada.

gestão de alimentos ricos em fibra e medicamentos para "soltá-lo".

Já a chamada diarreia funcional pode resultar de reações alérgicas a certos tipos de substâncias, como lactose e glúten, mas somente a opinião do gastroenterologista tem condições de categorizar o que fazer nesse caso. Quanto ao tratamento, deve ser dirigido diretamente à causa da doença, o que, obviamente, depende da avaliação do especialista.

DICAS DE SAÚDE E PREVENÇÃO

Falta de higiene bucal pode provocar doenças mais graves?

A saúde começa, literalmente, pela boca. No entanto, de acordo com dados do Instituto Brasileiro de Geografia e Estatística (IBGE), infelizmente menos de 10% dos brasileiros fazem consultas regulares ao dentista, aumentando a incidência de problemas de saúde que se iniciam pela boca. Isso porque a proliferação de bactérias nessa região provoca doenças, como gengivite e periodontite, que causam inflamações e alterações ósseas, podendo levar à perda dos dentes.

Além disso, essas doenças reduzem a imunidade do organismo e podem provocar inflamação dos vasos san-

VOCÊ SABIA?

Atitudes simples, como consultas regulares ao dentista, proporcionam vida longa. Manter os dentes sadios é uma das principais maneiras de evitar graves problemas de saúde, como diabetes, pneumonia, trombose vascular, infarto agudo do miocárdio e até acidente vascular cerebral, o AVC.

guíneos por bactérias, com vasculites disseminadas até mesmo nas artérias do coração, as coronárias, levando ao infarto agudo do miocárdio. Podem também causar descontrole nos níveis de glicemia, favorecendo desenvolvimento de diabetes e pneumonia.

Como fazer higiene bucal adequada?

Ter uma boca saudável é importante não apenas para manter dentes e gengivas em ordem. Também é fundamental mantê-la sem resíduos alimentares, mau hálito ou sangramentos, pois a saúde da boca colabora e muito para o bem-estar geral do organismo. Falar bem e mastigar corretamente os alimentos têm influência direta na qualidade de vida das pessoas; portanto, cuidar-se para manter os dentes saudáveis é, antes de tudo, uma questão de saúde.

Entre as medidas mais eficazes para fazer higiene bucal adequada, as quais evitam acúmulo de placas bacterianas e diminuem o risco de contrair cáries e gengivites, pode-se destacar:

- Limpeza correta dos dentes, com escova apropriada e produtos com flúor, várias vezes ao dia, principalmente após a alimentação.
- Usar diariamente fio dental após as refeições.
- Realizar os procedimentos de limpeza sempre que comer entre as principais refeições.
- A limpeza da língua com escovação ou com limpador de língua também é fundamental para retirar restos alimentares e prevenir o mau hálito ou halitose. Esse procedimento pode ser feito à noite, antes de dormir.

Para crianças menores de 12 anos, é recomendável a ingestão de água potável fluoretada. No caso de quem habita regiões sem esse recurso, o uso de suplementos de flúor deve ser dosado de acordo com a faixa etária, da seguinte forma:

- Antes dos 6 meses – não usar suplementos de flúor.
- Entre 6 meses e 3 anos – 0,25 mg ao dia.
- Entre 3 anos e 6 anos – 0,5 mg ao dia.
- Acima de 6 anos – 1 mg ao dia.

A consulta regular ao dentista também é fundamental para aprender técnicas corretas de higiene bucal e saber quais áreas exigem maior atenção durante a escovação e o uso do fio dental.

Existe prevenção para o diabetes?

Em primeiro lugar, é preciso fazer uma distinção entre o *diabetes mellitus* tipo 1 e o *diabetes mellitus* tipo 2.

O primeiro é uma doença autoimune, ou seja, provocada por células de defesa do corpo, os chamados anticorpos, que passam a atacar, por engano, partes do próprio organismo, entre elas as células beta do pâncreas, responsáveis pela produção de insulina, resultando na falta desse hormônio e no aumento da glicose no sangue. Em geral, os mais atingidos são crianças e adultos abaixo dos 35 anos, mas essa doença pode ocorrer em qualquer idade.

Já o diabetes tipo 2 ou do adulto ocorre por aumento da resistência à insulina – ou seja, o pâncreas produz insulina, mas ela tem dificuldade em agir. Normalmente, são pessoas obesas ou bem acima do peso. Nelas, as células de gordura produzem hormônios que formam uma espécie de carapaça em volta das células, impedindo a ação da insulina. Daí a expressão "aumento da resistência". Os medicamentos atuais agem nessa carapaça, quebrando-a, e facilitam a ação do hormônio insulina, para normalizar e possibilitar a entrada de açúcar de fora para dentro da célula. Outros remédios também atuam diretamente no pâncreas, aumentando a produção de insulina. Recentemente, surgiram medicamentos que alteram algumas substâncias produzidas no intestino, favorecendo a atuação da insulina.

Infelizmente, ainda não há comprovação científica de que seja possível prevenir o diabetes tipo 1. No caso do tipo 2, segundo a Organização Mundial da Saúde (OMS), mais de 80% dos casos podem ser prevenidos, por meio de medidas relativamente simples, como manutenção do peso ideal, alimentação saudável e atividades físicas re-

VOCÊ SABIA?

Mudar hábitos alimentares é fundamental no tratamento de todos os tipos de diabetes, pois permite controlar o metabolismo, contribui para a normalização da glicemia, diminui os fatores de risco cardiovascular e ajuda a manter o peso dentro dos parâmetros esperados, o que também favorece a saúde geral do organismo.

gulares. Este último item também atua na quebra daquela carapaça que dificulta a ação da insulina. Com essas medidas profiláticas, indivíduos com pré-diabetes podem voltar ao "normal". Mas essas práticas terão de ser incorporadas ao dia a dia, tornando-se hábitos automáticos.

O tratamento da hipertensão é para toda a vida?

A hipertensão arterial é classificada como uma doença crônica com causas multifatoriais; por isso, o tratamento não pode cessar. Para ser mais preciso, existem casos diagnosticados como hipertensão arterial primária – aquela que surge como doença básica e autônoma propriamente dita e da qual não há registro de cura – e as ocorrências de hipertensão arterial secundária, decorrentes de uma circunstância principal, como gravidez, por exemplo, em que o desaparecimento dos sintomas ocorre em uma pequena percentagem dos pacientes.

O mais importante em relação à hipertensão arterial é que, hoje em dia, existem inúmeros recursos para controlar a doença e prevenir complicações mais sérias, como infartos e acidentes vasculares cerebrais. São recomendações importantes: não fumar, manter o peso corporal adequado por meio de exercícios físicos regulares, seguir dietas com pouco ou nenhum sal, evitar situações de estresse. Também vale lembrar que o diagnóstico precoce é fundamental para evitar doenças crônicas em órgãos como rins, retina, coração e cérebro. O emprego da monitorização ambulatorial da pressão arterial – chamada de Mapa –, durante 24 horas, tem sido peça fundamental para o diagnóstico seguro e a escolha do medicamento certo.

Se essas medidas não forem suficientes para combater a hipertensão arterial, o passo seguinte é o uso de medicamentos específicos como diuréticos, bloqueadores alfa e beta-adrenérgicos, vasodilatadores, inibidores da enzima de conversão da angiotensina, antagonistas do cálcio e reguladores do sistema nervoso central.

- **Diuréticos**: atuam no organismo fazendo com que aumente a filtração e a perda de água nos rins, baixando a pressão sanguínea. Essa perda de água pode provocar carência de alguns sais importantes, como o sódio e o potássio, precipitando fraqueza e cãibras.
- **Inibidores dos receptores e da enzima de conversão da angiotensina**: o rim produz uma substância chamada angiotensina 1, que, por ação de uma enzima, se transforma em angiotensina 2, cuja função principal é causar constrição ou espasmo dos vasos arteriais, aumentando a pressão arterial. Esse medicamento impede a transformação da angiotensina 1 em 2, favorecendo a manutenção da pressão arterial em níveis normais.
- **Bloqueadores alfa e beta-adrenérgicos**: os vasos sanguíneos arteriais contêm em sua parede nervos e músculos que, por estímulo cerebral e determinados

reflexos, provocam sua contração, gerando hipertensão. Esses medicamentos bloqueiam esses reflexos e estímulos cerebrais, baixando os batimentos cardíacos e dilatando os vasos sanguíneos, com consequente redução da pressão arterial.

- **Antagonistas dos canais de cálcio**: como foi citado anteriormente, os vasos sanguíneos arteriais têm seu diâmetro reduzido pela contração dos músculos existentes em sua parede, o que causa hipertensão. Para haver a contração, faz-se necessária a presença de cálcio, o qual é forçado para dentro das células do músculo. Esses medicamentos impedem a entrada de cálcio, evitando a ocorrência desse processo que resulta em hipertensão arterial. Existem outras categorias de medicamentos anti-hipertensivos, mas o objetivo deste livro não é ser um compêndio médico. Então, a melhor dica é buscar sempre atendimento médico para esclarecimentos e prescrição do tratamento mais adequado para cada caso.

A hipertensão arterial é hereditária?

A hereditariedade no hipertenso – ou seja, o fato de ter algum parente, como pai ou mãe, com o mesmo problema – é um fator importante, pois está presente em mais de 70% dos casos. A parcela restante (cerca de 30%) de ocorrências está ligada a fatores genéticos.

No entanto, a identificação da causa específica de um quadro hipertensivo é difícil, na medida em que existem interações complexas entre fatores genéticos e ambientais que causam elevação da pressão.

Sabe-se que a hipertensão costuma surgir com o avanço da idade, tanto que a maioria absoluta dos pacientes encontra-se na faixa dos 40 anos ou mais. Quanto ao sexo, especialistas afirmam que a pressão arterial é mais elevada em homens do que em mulheres até a faixa etária de 60 anos. Após a chegada da menopausa e a redução dos hormônios ovarianos, responsáveis pela pressão mais baixa nas mulheres, porém, o número de casos de pressão alta entre homens e mulheres tende a se equiparar.

Outro fator que sempre deve ser levado em consideração é a forma como encaramos o estresse. O hormônio cortisol, liberado pelas glândulas suprarrenais (pequenas glândulas localizadas acima dos rins), é conhecido como um dos responsáveis pelos estragos que o estresse produz no corpo humano. Em conjunto com a adrenalina e noradrenalina, o cortisol favorece o aumento da frequência cardíaca e o espasmo das artérias, elevando a pressão arterial. O homem moderno deve saber enfrentar as dificuldades sempre com resiliência e, dessa forma, amortecer os efeitos do estresse no sistema cardiovascular, principal alvo da mortalidade precoce.

O que fazer para diminuir o risco de morte ou incapacitação decorrente de AVC?

A maior dificuldade em relação ao acidente vascular cerebral (AVC), também conhecido como derrame cerebral, é que a doença pode não ser percebida imediatamente, seja pela própria pessoa atingida ou por aqueles que estão ao seu redor. Em geral, acredita-se que foi apenas mal-estar passageiro, o que de fato é verdade. O grande perigo é que esses ataques isquêmicos transitórios, os populares miniderrames, embora breves, indicam existência de problemas muito sérios que não se resolvem sem ajuda médica.

Por isso, é muito importante conhecer os principais sinais de alerta do AVC, entre os quais estão:

- Desmaio.
- Dor de cabeça sem causa conhecida.
- Alterações motoras ou sensoriais em apenas um lado do corpo, por exemplo sensação de anestesia ou fraqueza súbita, especialmente em regiões como face, braço ou perna.
- Dificuldades para falar, compreender e caminhar.
- Visão dupla (objetos parecem duplicados) ou incapacidade repentina de enxergar com um ou ambos os olhos.
- Tontura, falta de equilíbrio ou problemas de coordenação motora.

- Sonolência excessiva.
- Náusea e vômito.

Pessoas que se encontram em grupos de risco, como hipertensos, doentes cardíacos, fumantes e diabéticos, também devem redobrar os cuidados com a saúde para evitar surgimento de complicações que podem levar ao AVC.

FIQUE ATENTO

O AVC pode ser isquêmico, quando causado pelo entupimento de uma artéria do cérebro, ou hemorrágico em casos de ruptura de um vaso. Mas, seja qual for a causa do derrame, não espere que os sintomas simplesmente desapareçam. **Chame a emergência médica imediatamente**. O pronto atendimento é fundamental e pode evitar incapacitações para toda a vida.

Como agir se alguém estiver sofrendo um derrame?

Os acidentes vasculares cerebrais, ou derrames, são casos de total emergência, uma vez que a rapidez na prestação de socorro médico é o fator mais importante para recuperação e diminuição das sequelas. Por isso, é preciso ficar atento e, logo que uma pessoa apresentar qualquer um dos sinais descritos na pergunta anterior, a primeira providência será correr e ligar para o número da emergência médica: 192. Caso esteja em local afastado e não der tempo para aguardar a chegada da ambulância, a pessoa pode ser transportada de carro até o hospital com serviço de assistência neurológica. Durante o deslocamento, ela deve ficar em posição semissentada e, preferencialmente, colocada de lado no banco traseiro, da maneira mais confortável possível, para evitar que, em caso de vômito, as secreções sejam aspiradas e entrem nos pulmões.

Outra recomendação importante é nunca oferecer remédios à vítima de AVC, pois isso pode agravar a extensão do problema e comprometer ainda mais o quadro clínico do paciente.

Qual a melhor posição para dormir?

Para dar conta dos afazeres do dia a dia e ter disposição para superar todos os desafios, é fundamental ter horas de descanso revigorantes. Além disso, dormir bem melhora o humor, a memória, previne doenças e aumenta a longevidade.

A popular "noite bem dormida" está diretamente relacionada a ter uma posição correta durante o sono. Ao longo dos anos, as próprias pessoas descobrem em quais posições têm mais facilidade para dormir e se sentem mais descansadas ao despertar, mas, em geral, dormir de lado com os joelhos dobrados e um travesseiro entre eles tende a ser o mais adequado. Por outro lado, dormir de bruços não é recomendável, pois tende a provocar dores musculares no pescoço.

VOCÊ SABIA?

Estudos indicam que a maioria das pessoas longevas dorme mais de sete horas com qualidade de sono boa ou muito boa.

Além da posição correta ao deitar, é importante prestar atenção a dois acessórios imprescindíveis para garantir sono reparador. O primeiro deles é o travesseiro, que deve ser largo e confortável. É necessário trocá-lo ao menos a cada dois anos. Para quem dorme de lado (mais recomendável), a altura do travesseiro precisa manter a linha do pescoço paralela à da cama, fazendo com que ele não fique nem elevado, nem caído. A coluna cervical vai agradecer. O segundo é o colchão, que não pode ser muito macio nem muito firme, tem de se adaptar aos contornos do corpo. Escolha o tipo mais compatível com seu peso e sua altura e não tenha vergonha de fazer o teste (deitar) na loja antes de comprar, pois somente assim é possível ter certeza de que realmente é apropriado.

DICAS

Para melhorar o sono e fazer dele um aliado da saúde:

- Tomar banho quente ou morno antes de ir para a cama.
- Não fazer uso de estimulantes, como café, refrigerantes à base de cola e cigarro.
- Desligar a TV e o computador.
- Não pensar nos problemas e ansiedades do dia.
- Não praticar exercícios a menos de quatro horas antes de dormir.
- Ao ingerir chás, evitar aqueles ricos em cafeína, como o chá preto e o chá verde.
- Fazer refeições leves à noite, evitando alimentos ricos em proteína, como carnes vermelhas, que tendem a ativar o sistema nervoso e deixar o corpo em alerta.
- Seguir a receita da vovó e tomar o tradicional "copinho de leite morno", pois esse alimento contém triptofano, precursor de serotonina, que favorece o relaxamento.
- Evitar consumo de álcool, pois pode induzir ao ronco, bem como a despertares noturnos.
- Procurar dormir ao menos sete horas diariamente.

Quais os cuidados que o homem deve tomar para evitar o câncer de próstata?

Está comprovado que as ocorrências de câncer de próstata aumentam com a idade, a ponto de um em cada seis homens com mais de 50 anos apresentar essa doença – acima de 80 anos, o número de casos registrados sobe para 50%. O principal cuidado é realizar exame de toque retal, ultrassom abdominal e anualmente medir no sangue o PSA (antígeno prostático específico) a partir dos 40 anos, no caso de homens que tenham histórico familiar da doença, ou dos 50 anos em diante para indivíduos em geral.

Também se recomenda estilo de vida saudável, especialmente alimentação com baixo teor de gordura animal,

VOCÊ SABIA?

Depois do câncer de pele, o câncer de próstata é o mais comum entre os homens, de acordo com dados do Instituto Nacional do Câncer (Inca). Felizmente, as chances de cura são bastante elevadas, de 85% a 90%, quando a doença é detectada em estágio inicial.

rica em legumes, verduras e peixe, em associação com a prática de atividade física, como musculação e corrida. Para quem possui antecedentes familiares, a atenção deve ser redobrada, pois, se houver ocorrências em parentes de primeiro grau (pai ou irmãos), o risco de desenvolver a doença aumenta consideravelmente.

Quais são os riscos da automedicação para a saúde?

A automedicação é uma prática que não deve ser adotada em hipótese alguma, pois provoca riscos à saúde que podem ser irreversíveis.

Outro problema relacionado à automedicação é a interação medicamentosa, ou seja, ao utilizar ao mesmo tempo remédios diversos, seus efeitos podem ser potencializados ou reduzidos, tornando o tratamento ineficaz. Além disso, sem o devido acompanhamento médico, não existe qualquer controle dos possíveis efeitos colaterais. Por mais inofensivos que pareçam, os medicamentos – em sua grande maioria – têm composição química que pode acarretar sérios danos ao organismo, caso não sejam ministrados na dosagem correta. Detalhes como horários e quantidades

VOCÊ SABIA?

Todos os anos cerca de 20 mil pessoas morrem no Brasil em razão da automedicação indiscriminada. E grande parte dos problemas registrados é decorrente de intoxicação e reações de hipersensibilidade ou alergia.

também precisam ser seguidos à risca, o que exige monitoramento por parte do especialista naquela determinada doença.

Até mesmo remédios mais simples não devem ser utilizados de maneira aleatória, como é o caso dos antitérmicos e anti-inflamatórios. Eles podem causar sangramentos no estômago e lesões no fígado e nos rins, muitas vezes irreversíveis.

Quais são as precauções para evitar a tendinite?

A tendinite faz parte de um grupo de doenças denominado *lesões por esforço repetitivo* (LER) e, como o próprio nome sugere, é uma inflamação que afeta os tendões. Estes, por sua vez, são estruturas fibrosas responsáveis pela conexão entre músculos e ossos para geração de movimento, podendo ter tamanho pequeno, como os das mãos, ou grande, como o tendão de Aquiles, localizado na parte de trás da perna.

Esse tipo de lesão costuma atingir pessoas cuja atividade requer movimento repetitivo, como carpinteiros, músicos, jardineiros e atletas, e a recuperação costuma ser lenta. Outros tipos conhecidos de LER são síndrome do túnel do carpo, tenossivite e bursite.

Como os profissionais não podem deixar de exercer seu ofício, a prevenção desse tipo de lesão é fundamental. A começar pela ingestão das quantidades adequadas de magnésio, potássio, cálcio e sódio, cuja falta é causadora de deficiências em músculos e tendões, provocando cãibras, cansaço rápido e perda de força. Vale lembrar que todos esses elementos são encontrados em frutas, verduras, legumes e vegetais.

Praticar atividades físicas também ajuda a manter os tendões estáveis e resistentes, lembrando sempre de alongar antes e depois de qualquer exercício. Outro cuidado importante é reservar um tempo de descanso em trabalhos que utilizem seguidamente os mesmos grupos musculares, como digitação e manuseio de instrumentos musicais.

Atualmente, a ergonomia estuda dispositivos práticos que favorecem o funcionamento fisiológico de movimentos e articulações. Cadeiras, mouses, mesas e até aparelhos de musculação já são produzidos de forma a tentar evitar ocorrência de lesões durante a repetição dos movimentos.

Os tipos de tendinite mais comuns são:

- Supraespinhoso
- Aquiles
- Síndrome de fricção da banda iliotibial
- Epicondilite lateral
- Tibial posterior
- Tendinite do púbis (adutor)
- Tendinite do ligamento patelar (joelho do saltador)
- Tendinite iliopsoas

Quais os riscos de fazer muito esforço em atividades físicas esporádicas?

Com a busca cada vez mais frenética pela boa forma, muitas pessoas se sentem "culpadas" por não ter tempo de ir à academia e acabam transformando-se no que chamamos de "atletas de fim de semana", ou seja, praticantes de atividades físicas esporádicas, geralmente aos sábados ou aos domingos. Até aí tudo bem. Fazer caminhadas, alongamentos e exercícios leves uma vez por semana ou a cada 15 dias não prejudica ninguém e pode até trazer sensação de bem-estar.

O perigo é quando a pessoa decide "tirar o atraso", acreditando que pode compensar sua vida sedentária com uma dose cavalar de exercícios intensos e de alto impacto. Nesse caso, além de não melhorar seu condicionamento físico, ainda corre o risco de sofrer lesões graves. Isso porque é preciso haver regularidade na prática de exercícios para que o organismo esteja preparado e consiga absorver os benefícios, caso contrário, ele será agredido, especialmente quando exposto à sobrecarga muito grande. Os prontos-socorros e consultórios de ortopedistas estão abarrotados de pacientes cuja lesão – fraturas em geral, luxação, tendinite, contusão, entorse, distensão muscular, ruptura de tendão ou ligamento, entre outras – foram causadas por atividades físicas esporádicas e também excesso de exercícios, o chamado *overtraining*.

A melhor prevenção é conscientizar as pessoas dos riscos de lesões agudas e crônicas e até da incidência de morte súbita. Atividade física faz bem, ajuda no controle do peso e reduz o risco de morte por doenças cardíacas, hipertensão e diabetes quando praticada na medida certa e, de preferência, com acompanhamento de profissionais especializados.

FIQUE ATENTO

A quantidade ideal de horas dedicadas à atividade física varia de pessoa para pessoa, levando em conta fatores como idade, características físicas, preferências e até aptidões. Por isso, a avaliação física detalhada antes de começar a se exercitar é fundamental. Em geral, os melhores resultados são obtidos com a prática de exercícios regulares ao menos quatro vezes por semana, combinando aqueles voltados para condicionamento físico (aeróbicos) com tonificação ou ganho de massa muscular (musculação) e alongamentos.

Existe cura para estrias e celulites?

Segundo os dermatologistas, estrias e celulites são irreversíveis, mas podem ser amenizadas por meio de tratamentos adequados e da mudança de hábitos, incluindo alimentação balanceada e agenda de exercícios físicos regulares.

Para entender bem, é importante saber que as estrias são provocadas pelo rompimento das fibras de colágeno e elastina da pele, podendo ocorrer em razão da adolescência, do crescimento acelerado, da gravidez e também em resposta ao uso de corticóides, por favorecer a retenção de água. Podem estar presentes em qualquer parte do corpo, mas as regiões mais afetadas são justamente aquelas relacionadas à vaidade feminina, como seios, barriga e bumbum. Os homens também são atingidos pelas estrias em razão do chamado efeito sanfona (engordar e emagrecer repentinamente), o que é muito comum em praticantes de musculação.

Já o problema da celulite, cientificamente chamado de lipodistrofia ginóide, ocorre em razão do acúmulo de gordura na hipoderme, ou seja, embaixo da pele. Neste caso, o sexo feminino é o principal atingido, em razão da própria estrutura corporal, que possui mais gordura em comparação aos homens, e também ao ciclo menstrual, durante o qual as mulheres apresentam maior dificuldade de eliminar toxinas e, ao mesmo tempo, retêm mais líquido. As áreas mais atingidas são coxas e glúteos, que ficam com a indesejada aparência de "casca de laranja", bem como abdômen, braços e a parte interior dos joelhos.

Como a cura total ainda não pode ser alcançada, a prevenção é a melhor arma para combater estrias e celulites. Entre os principais cuidados a se tomar, estão o uso de hidratantes corporais para garantir a elasticidade da pele; não fumar, pois o cigarro prejudica a circulação e oxigenação; evitar roupas apertadas, bem como ganhar e perder peso constantemente, lembrando que o efeito sanfona é o principal agente causador das estrias; praticar exercícios físicos regularmente e preferir alimentos saudáveis, com vitaminas A, C e E.

VOCÊ SABIA?

Segundo dados estatísticos, 60% das brasileiras sofrem com o problema de estrias e/ou celulites. Um agravante desse quadro é que os prejuízos ocasionados não se restringem a determinadas partes do corpo feminino, mas também à autoestima dessas mulheres.

Atividade física na terceira idade faz bem?

Praticar exercícios físicos é recomendável para manter a saúde e também como forma de prevenir e retardar o processo de envelhecimento. Com o avanço da idade, as pessoas tendem a perder massa muscular e óssea, flexibilidade, força e equilíbrio, além de apresentarem aumento da gordura corporal. Muitas funções orgânicas e motoras também ficam comprometidas, sendo importante reverter esse quadro para desfrutar boa qualidade de vida.

Entre os benefícios concretos da atividade física na terceira idade, estão fortalecimento dos músculos, melhora

---

VOCÊ SABIA?

O envelhecimento fisiológico não acompanha necessariamente a idade cronológica, tanto que há pessoas de 60 anos com condicionamento físico e qualidade de vida melhor do que outras de apenas 30. Por isso, manter o físico em dia e ter dieta alimentar balanceada pode trazer ganhos reais a médio e longo prazos.

---

da flexibilidade e do equilíbrio, maior coordenação motora, condicionamento físico, controle do peso, mais autonomia e sensação de bem-estar, entre outros. Já os exercícios mais recomendados para pessoas idosas são os aeróbicos, como caminhadas, bicicleta, hidroginástica e musculação de baixo impacto, acompanhadas de alongamentos, ioga, Pilates, dança e demais atividades que favoreçam a mobilidade corporal e também a sociabilidade.

É recomendável praticar exercícios físicos na terceira idade?

Terceira idade é o nome que se dá à fase da vida iniciada após os 60 anos, período sobre o qual se tem prestado cada vez mais atenção em razão do crescimento da expectativa de vida da população mundial. Sem dúvida, isso se deve ao fato de as pessoas buscarem cada vez mais informações sobre saúde e acompanhamento médico, o que permite monitorar e até retardar o surgimento de sintomas típicos do envelhecimento, como complicações cardiorrespiratórias; problemas degenerativos de ossos, tendões e articulações; maior suscetibilidade à dor muscular e lesões; diminuição do equilíbrio e da coordenação neuromuscular; redução das capacidades auditiva e visual, entre outros.

A prática de exercícios, por sua vez, é justamente uma das prescrições mais eficazes para a qualidade de vida na terceira idade, mas é muito importante que o médico pesquise limitações no quadro de saúde dos idosos, especialmente doenças relacionadas ao sedentarismo, como obesidade, diabetes e hipertensão arterial, antes da definição de qualquer programa de atividade física. Nesses casos, o exercício pode funcionar como um potencializador dos efeitos da medicação aplicada, proporcionando melhora do condicionamento cardiovascular e da força muscular; manutenção e desenvolvimento da flexibilidade, da coordenação e do equilíbrio; controle de peso; diminuição da ansiedade e da depressão; além de benefícios de ordem emocional, como aumento da autonomia e da sensação de bem-estar.

Entre as atividades recomendadas nessa fase, estão aquelas de baixo impacto, como caminhada, natação, hidroginástica, dança, ginástica localizada e alongamento, visando sempre a manutenção da flexibilidade e da mobilidade do idoso.

ESTATÍSTICAS

Em algumas regiões do mundo, o número de idosos já é maior que o de crianças, fato inédito na história da sociedade humana. Segundo estatísticas, por volta de 2050, haverá cerca de 2 bilhões de pessoas pertencentes ao grupo da chamada terceira idade.

Praticar tai chi ajuda no bem-estar?

Embora não se possa falar que cure doenças, o tai chi chuan é cada vez mais reconhecido por seu impacto positivo na saúde das pessoas. Trata-se de uma arte milenar chinesa que, ao longo dos séculos e sobretudo na atualidade, tem sido utilizada como sistema de exercícios e desenvolvimento pessoal.

Para quem ainda não conhece, o tai chi consiste numa série de movimentos vagarosos e contínuos que visam desenvolver a força, a resistência, a flexibilidade, o equilíbrio e a coordenação do corpo, além de ajudar a reduzir o estresse diário. Não por acaso, é recomendado como coadjuvante no tratamento médico de casos de artrite e osteoartrite, diabetes, hipertensão arterial, problemas

VOCÊ SABIA?

Herança cultural da China, associado à vida longa e ao bem-estar, o tai chi chuan foi adotado sem cerimônia pela área da saúde no mundo todo, por ser considerado uma forma de medicina preventiva, além de eficiente programa terapêutico e de *fitness*.

cardiovasculares, fibromialgia, osteoporose, dores nas costas, problemas posturais em geral, manutenção do peso, recuperação pós-cirúrgica, ansiedade e depressão, entre outros.

Na China, é comum ver centenas de pessoas de todas as idades, incluindo crianças, reunidas em parques e praças públicas pela manhã para praticar o tai chi com o objetivo de melhorar sua forma física e mental. No Ocidente, esse hábito tem-se propagado cada vez mais em razão da multiplicidade de benefícios trazidos.

O que fazer para se livrar das varizes?

Varizes são veias dilatadas que aparecem com mais frequência nos membros inferiores, precisamente pernas e coxas, e provocam sintomas desagradáveis, como cansaço e dor, além de serem prejudiciais à estética. As mulheres estão mais propensas a apresentarem esse problema, que em geral se manifesta durante a gravidez ou após os 30 anos. Obesidade, sedentarismo e tabagismo são apontados como os principais fatores que contribuem para o aparecimento de varizes, mas a probabilidade de ocorrência também aumenta com uso de pílulas anticoncepcionais e tratamentos de reposição hormonal feitos na menopausa.

VOCÊ SABIA?

Ter alguém na família com varizes aumenta o risco de desenvolvê-las. Segundo estatísticas, cerca de 50% das pessoas com esse problema possuem parentes que também se queixam do aparecimento de veias varicosas.

Não se trata de uma doença, mas podem ocorrer complicações decorrentes das varizes, como problemas de pele e coágulos sanguíneos (trombose); portanto, é importante monitorar o seu surgimento e, se possível, evitá-lo. Para isso, podem ser adotadas medidas simples, como evitar ficar em pé ou sentado por muito tempo e usar meias elásticas. Procurar manter o peso ideal e realizar exercícios físicos também estão entre as formas mais eficazes de prevenção. Quanto ao tratamento, pode ser clínico, no caso das microvarizes, procedimento conhecido como escleroterapia (secagem dos vasos), ou cirúrgico, para veias varicosas maiores.

Quais são os principais pontos para se ter "saúde" no ambiente de trabalho?

Todas as ocupações, independentemente da liberdade ou informalidade características de cada área, requerem um nível de profissionalismo básico e comportamento adequado, como vestir-se apropriadamente, tomar cuidado com o que fala e entender a hierarquia, para garantir o bom relacionamento e a convivência saudável com os colegas de trabalho, parceiros e clientes.

Evidentemente, momentos de descontração são fundamentais, mas o bom senso sempre deve prevalecer, além de evitar atitudes que costumam gerar atritos e estresse no ambiente de trabalho, como bate-papo fora de hora, piadinhas inconvenientes, utilização de locais impróprios para lanche e almoço, excesso de permanência longe da função etc.

Um dos fatores mais importantes para ter uma vida profissional "saudável" é qualidade do relacionamento interpessoal, ou seja, saber lidar com as pessoas faz toda a diferença, tanto para tornar o espaço de convivência mais agradável, quanto para aprimorar cada vez mais os resultados alcançados. Algumas dicas que podem ajudar são:

- Agir com ética em qualquer situação.
- Nunca fazer ou dizer algo que não possa assumir em público.

- Ser humilde, tolerante e flexível com todos os colegas, sem distinção.
- Cultivar a pontualidade acima de tudo.
- Respeitar a privacidade dos colegas.
- Dar retorno a todas as solicitações recebidas.
- Cumprir todos os compromissos assumidos.

No mais, mantenha-se sempre saudável. Para isso, cuide do seu corpo, dos dentes e, principalmente, de sua mente. Como diz o ditado: *mens sana in corpore sano* (mente sã em corpo são).

Ter um hobby faz bem para a saúde?

Sim, criar "saídas estratégicas" da rotina ajuda a manter a mente sã e aliviar as tensões. Atualmente, é muito comum ouvirmos pessoas queixando-se de insatisfação pessoal ou profissional, problemas de relacionamento, exagero de cobranças familiares e solidão, mas muitos desses problemas podem ser, senão resolvidos, pelo menos amenizados por meio da prática de atividades que costumamos chamar de hobbies. Quem não consegue esquecer um dia demasiadamente turbulento após uma sessão de futebol *society* com os amigos ou uma aula de dança daquelas bem animadas?

VOCÊ SABIA?

Assim como precisamos tirar férias do trabalho para recarregar nossa energia, a mente também necessita desligar-se dos problemas que a preocupam para continuar funcionando adequadamente. Por essa razão, o hobby cumpre um papel fundamental na manutenção do equilíbrio psicológico do ser humano.

Os mais calmos podem optar por programas mais tranquilos, como caminhadas, pescaria, passeios de bicicleta pelo parque, artesanato, jogo de xadrez, aprender a pintar ou tocar um instrumento, e obter o mesmo efeito. Há ainda aqueles que se dedicam a realizar trabalhos voluntários, pois sentem que, ao fazer o bem ao próximo, estão fazendo bem a si mesmos. Independentemente das preferências de cada um, o que vale mesmo é cuidar da "saúde emocional", sem descuidar, é claro, da saúde física, consultando o médico sempre que a sensação de apatia ou frustração der lugar a sintomas concretos – como ansiedade, insônia, dores pelo corpo, baixa resistência física, síndrome do pânico, depressão – que podem estar relacionados à ocorrência de doenças para as quais existe tratamento adequado.

Acupuntura realmente traz benefícios para a saúde?

A acupuntura é uma técnica milenar que surgiu no Oriente há mais de 4 mil anos e, desde então, vem sendo utilizada para amenizar dores, estresse e outras doenças. É importante enfatizar que, a partir de 1995, essa atividade passou a ser considerada especialidade médica, com muitos profissionais sérios exercendo-a em seus consultórios.

O método empregado pela acupuntura consiste em introduzir agulhas bem finas na pele, em "pontos" considerados cruciais de acordo com a dor ou as queixas dos pacientes, mantendo-os na região por, no máximo, 30 minutos. Segundo os especialistas, alguns dos benefícios trazidos por essa técnica são alívio da dor e sensação de

---

VOCÊ SABIA?

Crianças e adultos que se sentem desconfortáveis com o uso de agulhas podem recorrer à acupuntura realizada com massagens, nas quais os pontos necessários são estimulados por meio da pressão dos dedos do profissional.

---

bem-estar – efeitos secundários à liberação de neurotransmissores, substâncias químicas como dopamina, serotonina, etc. –, o que ocorre por estímulo direto ou indireto, além de atuação coadjuvante no tratamento de doenças como asma, bronquite, obesidade, dor na coluna, dor de cabeça, cólicas e depressão, entre outras.

Quanto à aplicação da acupuntura, existem diferenças entre a escola chinesa e a japonesa – esta última aparenta ser mais dolorida em razão da penetração mais funda das agulhas na pele – mas ambas servem basicamente aos mesmos propósitos. Outra variante é a auriculoacupuntura, na qual adesivos contendo pequenas sementes ou cristais esféricos são colados à orelha, considerada reprodução fiel dos pontos existentes no organismo, e o paciente permanece alguns dias com essa região estimulada até que o material se desprenda naturalmente.

Existe um tipo de calçado ideal para cada pessoa?

Sim, e é fácil entender o porquê. Cada um de nós possui um tipo de pisada, que resulta de nossas características anatômicas específicas, como o formato do pé, a disposição dos joelhos e destes em relação aos quadris, além de flexibilidade das articulações. Sem contar o equilíbrio, que varia de pessoa para pessoa. As formas mais comuns são:

- **Neutra**: encosta no chão com o lado externo do calcanhar, realiza movimento de rotação moderada para dentro e termina no centro da planta do pé.
- **Pronação:** inicia com o lado externo do calcanhar, faz uma rotação acentuada do pé para dentro e é finalizada perto do dedão.
- **Supinação:** começa com o calcanhar (lado externo), mantém o contato do pé com o solo do lado externo e termina na base do dedinho.

Como se pode perceber, as pisadas não diferem entre si no início, pois todas recorrem sempre ao calcanhar para iniciar o movimento, mas apresentam variações na sequência, razão pela qual o desgaste do solado não é o mesmo e, com isso, podemos descobrir o perfil de cada um. Assim, quando o desgaste ocorre no centro da planta do pé, indica tendência de pisada neutra; no lado interno da planta do pé, pronação; e no lado de fora da planta do pé, supinação.

Conhecer o próprio tipo de pisada é particularmente importante, porque o uso prolongado de modelos de calçados inadequados ao movimento realizado pelos pés pode gerar sobrecarga nas articulações e até lesões, especialmente para quem realiza atividades físicas de alto impacto, como corridas. A boa notícia é que existem marcas esportivas que já apresentam tênis para cada tipo de pisada, sendo necessário que haja essa identificação prévia por parte do usuário, conforme as dicas aqui apresentadas.

VOCÊ SABIA?

Estatísticas indicam que o tipo de pisada mais comum é a pronação, praticada por 50% dos indivíduos, seguida de perto pela neutra (45%), enquanto a supinação é detectada num grupo bastante restrito de pessoas (cerca de 5%).

Como evitar o estresse no trânsito?

Quem mora ou trabalha nas grandes cidades, com volumosa frota de veículos, sabe que são cada vez mais comuns os comportamentos inadequados e agressivos por parte dos motoristas. Evidentemente, quando isso ocorre, o dano físico e psicológico é imenso, em muitos casos culminando até com a morte.

Mas existe também, e esse me parece mais o foco da pergunta, o desgaste provocado pelas situações vivenciadas no trânsito, o que atinge a todos sem exceção, incluindo motoristas, passageiros, pedestres e ciclistas. Engarrafamentos, em horários de pico ou não, excesso de obras nas pistas, atitudes desrespeitosas de motoboys e

FIQUE ATENTO

O volume alto de som dentro do carro é prejudicial à condução segura, porque diminui a capacidade de identificar os estímulos sonoros nas vias. Portanto, a música deve ser usada basicamente como ferramenta de relaxamento, o que, segundo pesquisas, garante ótimos resultados.

motoristas de ônibus, caminhões e também de carros comuns, é claro, são alguns dos fatores geradores desse tipo de estresse.

Os psicólogos costumam dizer que, diante de uma situação desconfortável com a qual somos obrigados a nos deparar, o mais indicado a fazer é preparar-se para lidar com ela da melhor forma possível. No caso do tráfego, isso significa procurar planejar o itinerário antes de sair de casa e fazê-lo com razoável antecedência, usar diferentes modos de transporte ou escolher caminhos alternativos e, principalmente, usar o "tempo perdido" a favor de si mesmo, com atividades que trazem bem-estar e aliviam a tensão, como ouvir música, fazer exercícios respiratórios, meditar, mentalizar coisas boas, definir roteiro para as férias e até pensar nos itens da lista de supermercado, desde que isso sirva para manter a tranquilidade. Vale ressaltar que essas dicas devem ser colocadas em prática com a devida atenção, para evitar quaisquer tipos de acidentes e multas.

O que fazer para deixar de fumar definitivamente?

O fumo é altamente prejudicial à saúde e todos sabem disso, incluindo os fumantes. Mas deixar esse hábito de lado exige força de vontade e muita disciplina. Isso porque a nicotina, substância liberada pelos cigarros no organismo, age no sistema nervoso central com rapidez superior à de outras drogas, acelerando o processo de dependência.

A boa notícia é que, embora os primeiros dias sem cigarros sejam muito difíceis em razão dos sintomas de abstinência, como vontade intensa de fumar (fissura), irritabilidade excessiva, alteração do sono, tosse, dor de cabeça, indisposição gástrica etc., o organismo volta a funcionar normalmente sem a presença de substâncias tóxicas. A tendência de ganhar peso é natural, uma vez que a fome aumenta com a melhora do paladar e a normalização do metabolismo, mas nada que não possa ser resolvido com a adoção de uma dieta equilibrada. Outro problema muito comum é a recaída; isso, porém, não deve ser considerado um fracasso, até porque a maioria dos ex-fumantes geralmente faz, pelo menos, três tentativas antes de conseguir parar definitivamente.

O método para chegar lá depende do perfil de cada indivíduo. Alguns decidem fazer uma parada imediata e, de determinada data em diante, não colocam mais nenhum cigarro na boca. Outros fazem a chamada parada gradual, reduzindo o número de cigarros dia a dia ou retardando a hora de fumar até se verem completamente livres do fumo. Nesse processo, é importante manter a calma durante situações de estresse, que podem precipitar uma recaída, e conseguir isso por meio de exercícios de relaxamento muscular e respiração. E sempre que a vontade de fumar surgir, lembre-se de que não dura mais que alguns minutos, os quais podem ser preenchidos das mais diversas formas: beber água, comer uma fruta, escovar os dentes, conversar com alguém, manusear objetos, entre outras "compensações" momentâneas para manter a mente e o corpo ocupados e longe dos cigarros.

FIQUE ATENTO

Entre as principais doenças atribuídas ao hábito de fumar, estão bronquite crônica e enfisema pulmonar, infarto, acidente vascular cerebral e câncer de pulmão e bexiga.

De fato, o processo é lento e progressivo, contando com a ajuda de diversos elementos, como medicamentos, ***patches*** (adesivos) cutâneos, gomas de mascar, psicoterapia e mudanças no estilo de vida. Mas não desista. Acredite em você e defina uma data para iniciar esse processo. Você não se arrependerá.

MENSAGEM FINAL

Chegamos ao fim de nossa consulta.

Espero que essas perguntas e respostas possam ter colaborado para que você se conscientize sobre a importância de preservar a saúde e passe a cuidar melhor dela.

Conforme foi enfatizado ao longo do livro, procure sempre seu médico para tirar dúvidas, fazer exames e iniciar um plano preventivo. Somente assim é possível viver bem e com mais qualidade de vida.

EPARMA
Impressão e acabamento
Editora Parma LTDA
Tel.:(011) 2462-4000
Av.Antonio Bardella, nº310,Guarulhos,São Paulo-Brasil